LAODONGLI JIAGE SHANGZHANG DUI
HUASHENG SHENGCHAN DE YINGXIANG YANJIU

劳动力价格上涨对
花生生产的影响研究

李幸子 著

中国农业出版社
北 京

前 言 ////////
FOREWORD

　　自 2004 年我国东南沿海地区暴发"民工荒"以来，劳动力短缺现象愈演愈烈并且劳动力缺口越来越大，以农民工为代表的普通劳动者的工资水平普遍上涨。与此同时，向城市和非农部门转移的农村劳动力数量急剧攀升，由此农业生产中雇佣劳动力的工资水平也大幅度上涨，其上涨速度远远超过农村居民人均纯收入的上升速度。因此，劳动力价格上涨已经成为农业生产中不可回避的新挑战。花生属于典型的劳动密集型作物，作为花生生产中重要的投入要素，劳动力的价格上涨会给花生生产带来什么影响？花生种植户会采取哪些调适行为来应对劳动力价格的持续快速上涨？

　　面对劳动力价格的持续快速上涨，农户的应对措施主要集中在要素投入结构调整、农业生产方式调整和种植决策调整三个方面。以往研究多将农业机械当作一个整体讨论其对劳动力的替代，然而在不同生产环节中，不同机械对劳动力的替代是否等同？随着农业科技水平的快速提升和现代工业的不断发展，劳动力价格上涨是否会影响到花生生产的施肥过程？随着农户经营规模不断分化，不同的农户对应着不同的生产函数和利润函数，劳动力价格上涨对他们的影响是否一致？围绕这些问题，本研究基于要素替代和规模替代的视角，利用宏观和微观两个层面的数据，通过理论分析和实证检验，深入考察劳动力价格上涨给我国花生生产造成的实质性影响，以期为应对劳动力价格持续快速上涨，促进花生产业平稳健康、可持续发展提供决策参考。核心的研究内容和结论如下：

　　研究内容一：劳动力价格及花生生产特征变化分析。

　　本部分的研究目标是利用宏观数据刻画出我国劳动力价格变动趋势和花生生产情况的总体印象。研究结果表明，劳动力价格上涨已经成为劳动力市场中一个不争的事实，并对我国花生生产产生较为显著的影响。无论是农业劳动力外出务工工资，还是农村内部劳动力务农工资，均反映出劳动力价格一直保持着高速增长的趋势，尤其是 2004 年之后增速明显加快。改革开放以来，我国花生综合生产能力稳步提升，花生产量、播种面积和单产水平均呈现出波浪形增长趋势。与三大主粮相比，花生种植收益较为稳定、亩均净利润较高。劳动力价格的持续快速上涨，一方面推动花生生产人工成本和生产成本不断飙升，进而改变了花生生产的成本结构；另一方面使花生生产要素投入结构也发生了较大变动，劳动力投入呈现减少趋势，机械、化肥和农药投入呈现增长趋势，种子和农膜投入较为稳定。

研究内容二：劳动力价格上涨对要素投入结构的影响。

本部分的研究目标是通过考察劳动力价格上涨对花生生产要素投入与要素替代的影响及作用机制，分析劳动力价格上涨对花生生产要素投入结构的影响，检验我国花生生产要素投入是否遵循了诱致性技术创新理论的调整路径。本部分利用 1998—2018 年中国 10 个花生主产省（市）的相关数据，通过面板数据模型和超越对数成本函数进行实证分析，考察劳动力价格上涨对花生生产要素投入结构的影响。研究结果表明：劳动力价格上涨及其带来的要素相对价格的提高，促使花生生产中机械投入和化肥投入增加。由此说明，在劳动力价格上涨的诱导下，我国花生生产要素调整路径在一定程度上遵循了诱致性技术变迁的轨迹，即农业机械是劳动力的替代要素。在验证了诱致性技术创新理论的基础上，我们也获得了一些新发现：化肥同样可以成为劳动力的替代要素，其替代机制在于，通过减少施肥次数或是提高肥料品质而达到省工省时的目的。影子替代弹性的测算结果表明，机械与劳动力之间存在明显的替代关系，且替代弹性呈现出先增加后下降的阶段性特征；化肥与劳动力之间同样存在明显的替代关系，且替代弹性数值稳步增加。受地形条件的约束，机械与劳动力的替代弹性存在明显的地区差异。

研究内容三：劳动力价格上涨对农户技术采用行为的影响。

本部分的研究目标是通过考察劳动力价格上涨对农户技术采用行为的影响及作用机制，分析劳动力价格上涨是否会诱导农户采用劳动节约型技术，农户更倾向于采用哪些劳动节约型技术以及不同技术选择的关联效应和决策机制。本部分利用对全国 17 个省 596 户花生种植户的调查数据，将劳动节约型技术细分为劳动节约型机械技术和劳动节约型施肥技术，通过 Mvprobit 模型和双变量 Probit 模型进行实证分析，考察劳动力价格上涨对农户技术采用行为的影响。研究结果表明，劳动力价格上涨会诱导农户采用劳动节约型技术，具体表现为：农户倾向于在耕整地和播种环节采用劳动节约型机械技术，以及选择以施用新型肥料为代表的劳动节约型施肥技术。劳动力价格上涨对农户机械技术选择的影响呈现异质性的主要原因在于不同生产环节的农业机械技术供给水平不同，耕整地和播种环节的农机技术供给能力较强，农户可以轻松实现机耕和机播生产，而收获环节的农机技术供给能力较弱，市场上缺少性价比高、损失小的收获机械或收获作业服务。劳动力价格上涨会诱导农户施用新型肥料，但是政府补贴同样可以促进农户采纳新型施肥技术。政府补贴可以有效放宽农户技术采纳的成本约束，对农户的技术采纳行为产生积极的干预效应。

研究内容四：劳动力价格上涨对农户花生种植决策的影响。

本部分的研究目标是以农户经营规模分化为切入点，通过考察劳动力价格上涨对农户花生种植面积调整意愿和调整规模的作用机制，分析劳动力价格上涨对不同经营规模农户花生种植决策的影响及其差异。本部分利用对全国 17 个省 596 户花生种植户的调查数据，通过 Probit 模型和 Tobit 模型进行实证分析，考察劳动力价格上涨对农户花生种植决策的影响。研究结果表明：劳动力价格上涨对不同经营规模农户种植意愿的调整方向存在显著差异，小农户倾向于维持或缩小种植规模，规模户倾向于扩大种植规模。随着劳动力价格上涨，小农户家庭内部越来越多的劳动力被诱导从事非农工作，当剩余农业劳动供给无法满足经营土地的需要时，自然会缩小种植规模；受契约关系、资产专用性等约束，规模户更期望通过扩大种植规模来获取规模经济带来的收益。进一步来说，劳动力价格对农户调整规模的影响取决于劳动力价格的上涨程度。劳动力价格上涨促使小农户倾向缩小的种植面积和劳动力价格上涨促使规模户倾向扩大的种植面积均先减少后增加。总体来看，劳动力价格上涨迫使农户重新配置家庭劳动力资源，最终导致小农户和规模户的花生种植规模实现分化，实现了劳动力和土地资源的优化配置，即适度规模经营。进一步地，耕地资源在不同经营规模农户之间呈现出反向变化的规律，可以看作是劳动力价格上涨约束下规模户对小农户形成规模替代。

花生是我国优质优势油料作物，产量位居世界第一，是大豆、油菜等油料作物的重要补充，种植收益高于玉米、大豆等传统粮食作物。发展花生产业，既是为了保障重要农产品供给，也是增加农民收入的有效手段，还是推进农业供给侧结构性改革、引领农业高质量发展的重要举措。基于上述研究结论，建议从提高花生机械化水平，引导农户科学施肥，发展花生适度规模经营这三个方面进行努力，以缓解劳动力价格上涨对花生生产造成的冲击，调动农户对花生种植的积极性，促进花生产业高质量发展。

笔　者

2024 年 6 月 18 日

目 录 ///////////
CONTENTS

1 | 引 言

1.1 问题提出和研究意义

1.1.1 问题提出

改革开放以来，凭借自身优势和国家相关扶持政策，我国东部沿海地区经济发展迅猛，吸引了大量中西部地区农村劳动力涌入，于是在 20 世纪 90 年代出现了引人注目的"民工潮"。至此，人们普遍将农民工视为丰富且廉价的优势劳动力资源，无穷无尽、源源不断（李波平和田艳平，2011）。直到 2004 年初，加工制造业聚集的珠三角、闽东南、浙东南地区暴发了"民工荒"，大量企业招不到工人并且缺口越来越大，这种情况快速地从珠三角、长三角等经济发达地区蔓延至中西部的部分省份，甚至包括河南、陕西等传统的劳务输出大省，劳动力短缺现象愈演愈烈，从季节性向常态化演变（翟振武和杨凡，2011）。自此之后，以农民工为代表的普通劳动者工资水平普遍快速上涨，并持续增长至今。农民工的名义月工资从 2004 年的 780 元上涨到 2021 年的 4 432 元。不仅如此，农业中雇佣劳动者的工资水平也大幅度上升，三种粮食（稻谷、玉米和小麦）平均雇工日工资从 2008 年的 46.36 元上涨到 2021 年的 139.71 元①。农业和非农产业中劳动者的工资水平均呈现快速上升趋势，清楚地反映出劳动力价格上涨已经成为不争的事实（卢锋，2012；柯炳生，2019）。

在农业劳动力用工充足、人工成本较低的时候，农业生产成本的计算通常可以忽略农业劳动力的货币价值。但是现阶段，我国农村劳动力已经由"无限供给"转向"有限剩余"，农业剩余劳动力短缺、非熟练工人数量减少以及劳动力价格上涨之间呈现出同步趋势（蔡昉和都阳，2011）。劳动力价格上涨直

---

① 三种粮食（稻谷、玉米和小麦）平均雇工日工资数据来源于《全国农产品成本收益调查汇编》。

接推动了农业用工成本和生产成本双重增加，雇工工资的上涨速度甚至超过了同期农村居民人均纯收入的增长速度，而农业生产成本的增长速度远远超过了农产品价格的上升速度（钟甫宁，2016）。农业高成本时代的到来，标志着我国农业发展迈入了一个新阶段，农业生产的获益空间被急剧挤压，粮食市场化政策和技术进步的增产效应也被逐步削弱（程国强，2014）。工资上涨还同时存在刚性和黏性，这就导致劳动力价格上涨具有长期性、趋势性和不可逆性，我国农业生产成本总体上还将继续保持上升趋势，并且很可能在未来某一个阶段内出现更加快速的增长局势（方松海和王为农，2009）。因此，劳动力价格上涨已经成为农业生产中不可回避的现实问题，对我国农业发展的影响越来越大。

学术界就劳动力价格上涨及其引发的生产成本增加对我国粮食生产与安全的影响展开了大量研究（马晓河，2011；叶兴庆，2016）。但事实上，粮食属于土地密集型农作物，行业比较发现，土地密集型农作物（水稻、小麦、玉米等）比劳动密集型农作物（花生、棉花、蔬菜等）具有更低的劳动力成本优势，理论上讲，劳动力价格上涨对那些在生产过程中对劳动力依赖较大的劳动密集型农作物的冲击应该更大。花生属于典型的劳动密集型农作物，生产过程中用工量多、劳动强度大，尤其是收获环节，大部分地区仍采用人工收刨。那么，作为花生生产中最具能动性的生产要素，劳动力禀赋变化尤其是劳动力价格上涨会给花生生产带来什么影响？花生种植户会采取哪些调适行为来应对劳动力价格的持续快速上涨？

已有研究普遍认为，面对劳动力价格的持续快速上涨，农户的应对措施主要集中在不改变生产种类的要素替代和改变生产种类的产品替代（或特殊情况下弃耕抛荒）两个方面（钟甫宁等，2016）。其中，要素替代以增加机械投入为主，多数文献考虑的是将农业机械当作一个整体研究其对劳动力的替代。但是，对于不同的花生生产环节来说，这种机械对劳动力的替代是否等同？也就是说，劳动力价格上涨诱导下机械对劳动力的替代是否存在生产环节上的异质性？除了具有劳动密集型生产的特征，花生还是典型的喜肥作物，肥料是花生资本投入中仅次于农业机械的生产要素。那么，劳动力价格上涨是否会影响到花生生产的施肥过程？随着农业科技水平的快速提升和现代工业的不断发展，肥料是否与农业机械类似也会对劳动力形成替代？另外，现有研究讨论的不论是要素替代还是产品替代，往往讲的都是某一特定区域或省份之间的替代，且通常都是基于农户同质的假设前提。然而，不同农户的资源禀赋条件、生产经营方式、行为能力等具有明显差异，各自对应着不同的生产函数和利润函数。那么，劳动力价格上涨对他们的影响是否一致？

1.1.2　研究意义

本书在劳动力价格持续快速上涨的背景下，选取更容易受到冲击的劳动密集型农作物——花生作为研究对象，分别从要素投入结构、农户技术采用行为和花生种植决策三个方面，系统考察了劳动力价格上涨对花生生产的实质性影响及背后的作用机制，具有重要的研究价值。

1.1.2.1　理论意义

本书的理论意义主要包含以下两个层面：

（1）构建了劳动力价格上涨背景下花生种植户优化要素配置行为的理论分析框架，既是对速水—拉坦诱致性技术创新理论及其适用性的再检验，也是对其应用边界的拓展和有益补充，对丰富和发展农业诱致性技术创新理论具有重要意义。进入 21 世纪以来，我国农业发展遇到了诸多新问题，其中很重要的就是要素禀赋结构及要素相对价格出现巨大变化，已逐步进入到一个劳动力价格被各种因素不断推高的发展区间。劳动力成本上升的刚性约束会导致农业经营者重新调整家庭资源禀赋，实现资源优化配置、提高利用效率。基于劳动力成本约束进行资本要素配置分析时，由于要素相对价格变化是改变农户要素投入行为的主要原因，所以引入要素价格比来构建扩展模型，试图厘清劳动力成本约束下资本要素优化配置背后的决策机制，揭示劳动力、机械和化肥之间的关系。研究发现，随着劳动力价格上涨，花生生产过程中无论是生产要素投入结构变化，还是农业技术进步方向，都表现出明显的诱致性偏向。除此之外，在分析资本技术采用的过程中，充分考虑了要素价格变化诱导下技术扩散路径的实现条件和作用原理，对诱导机理的约束条件进行了系统的论证，试图对诱致性技术创新理论做出弥补和完善。

（2）构建了农户分化视角下劳动力价格上涨对不同经营规模农户花生种植规模决策行为影响的理论分析框架，拓宽了农户行为理论的研究维度和应用范畴，强化了理论对现实情况的解释能力。农户个体层面生产经营决策最终影响我国适度规模经营进程，保证一定规模的花生种植面积是确保我国花生产业供给安全的关键，也是促进花生增产和农民增收的前提。基于劳动力成本约束进行土地要素配置分析时，尝试沿着"劳动力价格上涨→劳动力资源配置→花生种植规模"的逻辑主线，审视小农户和规模户两类主体的行为逻辑，从花生种植面积的调整意愿和调整规模两个维度，考察劳动力价格上涨对不同经营规模农户花生种植规模调整策略的影响效应及形成机制。其一，将劳动力价格上涨、农户劳动力配置和土地经营规模置于同一分析框架内，从有限理性的视角审视农户土地利用行为决策，为实现土地与劳动力要素优化配置提供理论解释。其二，充分考虑不同经营规模农户自身资源禀赋和经济活动的异质性，厘清了小农户和规模户花生种植规模调整策略的经济机理，在一定程度上突破了现有文献以农户同质假设为前提所导致的结论局限性。

1.1.2.2 现实意义

本书的现实意义主要包含以下两个层面：

（1）选取花生作为研究对象具有重要的现实意义。其一，目前我国大豆、油菜籽等油料作物逐渐丧失竞争力、严重依赖进口，国内食用油需求增加和产能不足矛盾严重[①]。花生是我国传统的第二大油料作物，生产规模大、种植效益高、产品品质佳，具有较强的国际竞争优势。目前花生是为数不多具有明显竞争优势的出口创汇农产品之一，2020 年花生出口量占中国食用油籽出口量的约 40％。与此同时，油料作物中花生的产油率最高，从亩均产油量来看，花生是油菜的 2 倍、大豆的 4 倍。其二，花生在促进农业生产良性循环的过程中起到了重要作用。一方面，花生是豆科作物，具有较强的共生固氮能力，能够培肥地力，适宜与粮（水稻、小麦、玉米）、棉进行轮作，既可以充分利用土壤、光热等资源，还能够有效提高产量、缓解粮油争地矛盾；另一方面，花生具有耐旱、耐贫瘠、抗灾能力强的特性，对种植环境的要求不高，常常种植在坡坡坎坎和边角地，可有效利用边际土地，扩种潜力巨大。此外，由于花生相对耐旱，在同等干旱条件下，花生可节约用水，相应节约灌溉用电能、柴油和人工费用[②]。其三，随着我国花生产业快速发展，花生生产规模稳步增加，使得花生生产既具有土地密集型农作物（例如粮食）生产规模较大的优势，又拥有劳动密集型农作物（例如棉花）生产大量依赖劳动力投入的特点，因而花

[①] 受到国外转基因大豆的冲击，我国大豆市场基本依赖进口，油菜生产则存在挤占优质农田，以及与水稻、玉米等粮食作物争地的问题。除此之外，我国"缺油"问题十分严峻，食用植物油的自给率不足 35％，市场需求主要依靠进口来满足。

[②] 不同作物最适宜的土壤含水量分别为：水稻 57％，大豆 45％，大麦 41％，花生 32％。

生生产规律变化具有一般性（周曙东和孟桓宽，2017）。基于此，结合粮食安全底线约束、花生自身特性和优势，可以说现阶段发展花生生产更符合我国国情农情，大力提升国内花生产能可以助力我国保障油料自给与油脂安全。

(2) 选取劳动力价格上涨作为研究背景具有重要的现实意义。 2004 年"民工荒"暴发以来，劳动力价格上涨已经成为不争的事实，再加上工资上涨具有棘轮效应（尚旭东和朱守银，2015），使得劳动力价格上涨具有长期性、趋势性和不可逆性。这不仅是我国劳动力市场发展阶段的客观变化，也是我国农业生产的新禀赋条件。中国农业在长期发展中的基本特征是传统型精耕细作，劳动力价格上涨和由此带来的农业生产成本上升使得传统的主要依赖劳动力投入的小农经济面临严峻挑战，特别是劳动密集型农作物生产受到的冲击更大。事实上，面对劳动力成本的持续快速上升，我国花生生产的资源潜力尚有较大发展空间，但又存在与粮食作物不同之处。不同于粮食等土地密集型作物，花生属于典型的劳动密集型作物。作为花生生产中核心且能动的生产要素，劳动力的成本上升日益挤压花生种植的利润空间。因而有必要就劳动力价格上涨对花生生产的实质性影响进行深入研究，相关研究结论不仅有助于明晰劳动力价格上涨对花生生产的影响，更为重要的是可为决策部门制定相关政策应对劳动力价格上涨可能带来的挑战提供借鉴。

1.2　研究目标和研究内容

1.2.1　研究目标

本书的总目标是依据速水—拉坦农业诱致性技术创新理论、农户行为理论和规模经济理论，结合我国劳动力价格持续快速上涨的现实背景，分别从要素投入结构、技术采用行为与花生种植决策三个方面，系统考察劳动力价格上涨对花生生产的实质性影响及背后的作用机制。通过相关理论与实证分析，检验我国花生生产是否发生了诱致性技术创新理论中的要素替代和技术进步，以及掌握不同经营规模农户会如何调整花生种植决策，最后根据研究结论提出对应的政策建议。

实际而言，上述总目标可细分为如下四个方面的具体目标：

目标 1：利用宏观数据对我国劳动力价格变动趋势和花生生产现状进行基本描述和简要分析。

目标 2：厘清劳动力价格上涨对花生生产要素投入的影响，检验我国花生生产要素投入是否遵循了诱致性技术创新理论的调整路径。

目标 3：检验劳动力价格上涨是否会诱导农户采用劳动节约型技术，以及探究诱导效应实现的约束条件。

目标 4：揭示劳动力价格上涨对不同经营规模农户花生种植决策的影响及其差异。

1.2.2 研究内容

本书利用宏观统计数据和国家现代农业（花生）产业技术体系产业经济岗位专家课题组的微观调研数据，结合上述分析框架与研究目标，从以下四个方面进行了定量和定性分析：

研究内容一：劳动力价格变动及趋势和花生产业现状分析。

利用我国农业劳动力外出务工工资和农村内部劳动力务农工资两个维度的宏观数据，对劳动力价格变动趋势进行基本描述和简要分析。在劳动力价格上涨这一特征化事实的基础上，介绍花生产业的发展历程，分别从生产水平、用工数量和资本投入三个方面描述花生生产变化趋势，简述花生主产区的基本情况，分析花生种植的成本收益。

研究内容二：劳动力价格上涨对要素投入结构的影响。

利用 1998—2018 年中国 10 个花生主产省（市）的面板数据，考察劳动力价格上涨对花生生产要素投入结构的影响效应及作用机制。首先，通过面板数据模型，实证分析劳动力价格上涨对花生生产要素投入量的影响，并进一步从要素相对价格变化层面进行佐证，以检验我国花生生产要素投入是否遵循了诱致性技术创新理论的调整路径。其次，基于超越对数成本函数，测算各要素之间的影子替代弹性，并重点关注了劳动力—机械替代弹性的地区差异。

研究内容三：劳动力价格上涨对农户技术采用行为的影响。

利用对全国 17 个省 596 户花生种植户的调查数据，将劳动节约型技术细分为劳动节约型机械技术和劳动节约型施肥技术，考察劳动力价格上涨对农户劳动节约型技术采用行为的影响机制及技术选择偏向。首先，对耕整地、播种和收获环节进行 Mvprobit 模型估计，以辨析劳动力价格上涨对不同种植环节农户劳动节约型机械技术采用行为的影响及其差异。其次，以新型施肥技术和新型肥料为例，建立双变量 Probit 模型实证分析劳动力价格上涨对农户劳动节约型施肥技术采用行为的影响及其差异。

研究内容四：劳动力价格上涨对农户花生种植决策的影响。

利用对全国 17 个省 596 户花生种植户的调查数据，以农户经营规模分化为切入点，考察劳动力价格上涨对不同经营规模农户花生种植决策的影响机制及其差异。首先，利用 Probit 模型实证分析劳动力价格上涨对小农户和规模户花生种植面积调整意愿的影响及其差异。其次，基于不同经营规模农户调整意愿，利用 Tobit 模型实证分析劳动力价格上涨对小农户和规模户花生种植面积调整规模的影响及其差异。在此基础上，进行稳健性检验与异质性分析。

1.3　研究方法和数据来源

1.3.1　研究方法

本书运用理论与实证相结合的分析方法，从定性和定量两个方面考察了劳动力价格上涨对花生生产的实质性影响及作用机制。在实际研究过程中，注重对文献收集归纳、实地调查访谈、描述统计分析和经济计量分析的综合运用。具体研究方法如下：

（1）文献归纳法。通过对劳动力价格、要素投入结构、农户技术采纳行为以及农户种植决策等相关文献的搜集、阅读和梳理，掌握了现有国内外研究动态及不足之处，逐步构建起本书的研究思路和分析框架，为后续实证模型的构建和变量的选取起到了重要作用。

（2）调查访谈法。一是依托国家现代农业（花生）产业技术体系产业经济岗位专家课题组的跟踪入户调查，获取了本研究所需的微观数据。二是暑假期间课题组到河南、山东、河北等花生主产省份的花生试验站以及科研院所进行访谈并与受访者保持长期交流，了解到更多花生实际生产情况，为本研究的顺利进行提供了支撑。

（3）描述统计分析法。利用描述统计分析法回顾了我国劳动力价格的变化情况，对花生生产水平、要素投入、主产区情况和成本收益四个方面进行分析，明确了劳动力价格上涨背景下我国花生生产特征的变动及趋势，为后续实证研究提供了直观的现实背景。

（4）经济计量分析法。利用宏观统计数据以及微观调研数据，通过面板数据模型和超越对数成本函数、Mvprobit 模型和双变量 Probit 模型、Probit 模型和 Tobit 模型分别对农户要素投入行为、农户技术采用行为、农户花生种植决策行为进行实证研究，以验证相关研究假说。

1.3.2 数据来源

数据来源较为广泛，既有宏观统计数据也有微观调研数据，具体说明如下：

（1）宏观统计数据。 数据来源主要包括《中国统计年鉴》《中国劳动统计年鉴》《全国农产品成本收益资料汇编》《中国农业机械工业年鉴》和土地资源数据库等。这些数据主要用于本书的第 3 章、第 4 章和第 6 章。

（2）微观调研数据。 数据来自国家现代农业（花生）产业技术体系①产业经济岗位专家课题组于 2018 年对全国花生种植户开展的问卷调查。调研覆盖全国 17 个省（区、市），具体包括：河南、山东、河北、江苏、安徽、辽宁、吉林、山西、新疆、贵州、福建、四川、江西、广东、广西、湖北和湖南。其中，黄淮海和东北两大花生主产区的样本量较多。经过后期审核和整理，总共形成 596 份有效问卷，问卷有效率达到 98.3%。这些数据主要用于本书的第 7 章和第 8 章。实地调研依托各个花生试验站，采用分层随机抽样方法，在每个试验站所在地市选取 3～5 个样本县，每个样本县选取 1～2 个样本乡（镇），每个样本乡选取 1～2 个样本村（自然村），每个样本村随机选择 5～10 个样本农户，保证了样本的随机性和可靠性。

1.4 可能的创新和不足之处

1.4.1 可能的创新

本书基于要素替代和规模替代双重视角，为分析劳动力价格上涨对花生生产的实质性影响提供了一个较为新颖且完整的研究思路和分析框架，存在如下可能的创新：

（1）在速水佑次郎和弗农·拉坦提出的农业诱致性技术创新理论的基础上做了进一步的研究。 在剖析劳动力价格上涨对农户要素投入行为和技术选择决

---

① 推行现代农业产业技术体系是一项体制改革和制度创新。为深入实施科技创新驱动战略，全面提升农业区域创新能力，强化农业竞争力，促进现代农业和城乡统筹发展，2007 年国家启动了国家现代农业产业技术体系（China Agricultural Research System，CARS）建设，设立 50 个农业产业体系，国家花生产业技术体系是排序 13（CARS-13）。

策的影响及作用机制时，具有一定的创新性。第一，诱致性技术创新理论阐述了资源稀缺变化引起的要素相对价格变化会诱导产生有利于节约稀缺资源的要素替代和技术变革，以机械装备为代表的机械技术能够节约劳动，以化肥为代表的生物化学技术能够节约土地。由于要素相对价格变化是改变农户要素投入行为的主要原因，故本研究引入要素价格比来构建扩展模型，厘清了劳动力价格上涨对要素投入影响的内在作用机制；系统性地揭示了劳动力、机械和化肥之间的关系，估计结果验证了原理论中机械是劳动力的替代要素，同时又获得了新的发现——化肥同样可以成为劳动力的替代要素。第二，诱致性技术创新理论还反映了技术进步下要素替代实现的互补条件，机械技术进步过程中土地与机械动力之间存在互补关系，生物化学技术进步过程中化肥和基础设施之间存在互补关系。在此基础上，考虑了要素价格变化诱导下技术扩散路径的实现条件和作用原理，引入农业机械技术供给水平和政府补贴作为约束条件，识别不同约束条件对劳动力价格上涨诱导农户采用劳动节约型机械技术和劳动节约型施肥技术的影响，试图对原理论做出补充和完善。

（2）在考察劳动力价格上涨对农户花生种植决策的影响与作用机制时，以农户经营规模分化为切入点，从农户预期花生种植面积的调整意愿和调整规模两个方面，深入揭示了劳动力价格上涨对不同经营规模农户花生种植决策影响的异质性，在一定程度上拓宽了农户行为理论的研究范畴。不同经营规模农户在劳动力资源方面存在明显差异，小农户以家庭自有劳动力或短期季节性雇工为主，规模户主要依靠雇工或长期雇工。因此，小农户和规模户对应着两套劳动力投入成本计算逻辑，劳动力价格上涨给小农户带来更多的是收入变化，在收入最大化的诱导下其倾向于减少花生种植面积或是保持不变，而给规模户带来更多的是成本变化，在成本最小化的诱导下其倾向于增加花生种植面积。不同经营规模农户之间花生种植面积的变化，可以被看作是农户应对劳动力价格上涨的另一种性质的替代，即由受劳动力价格上涨影响相对较小的规模户对受劳动力价格上涨影响相对较大的小农户进行替代。

（3）在研究方法上相较于以往研究存在一定新意。首先，已有文献多利用生产函数来刻画要素替代关系，这实际上是将要素价格变化作为外生变量，未考虑到要素价格变化的重要作用，而要素价格恰恰是要素需求与要素替代的决定因素。鉴于此，本研究利用基于超越对数成本函数的影子替代弹性估计方法，使得劳动力价格变化成为自变量，试图缓解内生解释变量问题。其次，已有关于农户技术采用行为的研究多利用简单的 Logit 模型或 Probit 模型，但是在实际花生生产过程中，为了达到更好的省工省时效果，农户可能会同时选择多种农业技术，并且这些农业技术选择之间并不互相排斥。鉴于此，利用 Mvprobit 模型和双变量 Probit 模型分析农户对不同技术的采用行为的影响因素，允许不同方程误差项之间存在相关性，试图避免可能产生的估计偏差。

1.4.2　不足之处

当然，受作者研究能力以及客观条件的限制，本研究也同样存在不足和需要后期完善的地方，主要表现在以下两个方面：

（1）本研究是依托国家现代农业（花生）产业技术体系各花生实验站进行微观调研，因此调研范围中花生主产区占比较大，而非主产区占比较小，使得研究结论可能无法很好地反映花生非主产区的情况。如果能够追加对非主产区农户的跟踪调查，研究结论将能够更好地反映全国的花生生产情况。

（2）长远而言，面对劳动力价格的持续快速上涨，农户的应对措施不一定局限于改变要素投入结构、采用劳动节约型技术和调整花生种植决策，也有可能是粗放经营甚至撂荒。但是，实际生产过程中选择粗放经营、撂荒的这部分农户占比很小，他们也不是未来推动花生产业发展的主体，因此，这部分农户并非本书的重点研究对象。

2 | 理论基础与文献综述

为了更好地研究劳动力价格上涨对花生生产的实质性影响，本章对研究所涉及的相关理论进行梳理，主要包括：诱致性技术创新理论、农户行为理论和规模经济理论。然后分别从劳动力价格、要素投入结构、农户技术采纳行为、农户种植决策四个方面对国内外已有文献进行归纳和总结，为后续研究的理论分析和实证检验提供必要支撑。

2.1 理论基础

2.1.1 诱致性技术创新理论

早在20世纪30年代，Hicks（1932）首次在《工资理论》中提出了"诱致性发明"（Induced Invention）这一概念，其核心思想是生产要素价格的变化本身能刺激发明，这种发明可直接节约变得相对昂贵的要素使用。由要素相对价格变化所引起的发明，我们将之称为"诱致性发明"，与之相对应的其他发明称为"自发性发明"（Autonomous Invention）。由于Hicks并未对诱致机制进行阐述，因而这一概念在相当长的时期内并未引起学者们的重视。直到20世纪60年代，越来越多的经济学家逐渐对这一问题产生兴趣。Slater（1960）最先指出了Hicks的"诱致性发明"缺乏解释的事实。随后，Kennedy（1964）将"诱致性发明"表述转化为"诱致性创新"（Induced Innovation）。接下来，Ahmad（1966）在传统的比较静态分析框架中引入了创新可能性曲线（Innovation Possibility Curve，IPC），提出了诱致性技术创新的理论分析框架。但是，Ahmad的研究只是一个特例，因为模型中假定研究预算是固定的。Binswanger（1974a）对Ahmad的模型进行了改进，放宽了固定研究预算的假定，给出了一个诱致性技术创新的微观经济学解释模型，很好地加深了人们对该理论的理解和应用。然而，Hicks-Ahmad-Binswanger诱致性技术创新理论更多关注私人厂商，而缺乏对于公共部门的解释。

为了弥补这一缺憾，Hayami 和 Ruttan（1970，1985）提出了一个四要素的诱致性农业技术变革模型，该模型与私人厂商和公共机构的资源配置过程一致，以农业发展中的技术变革为基础，并且可以体现技术（机械和生物化学技术）进步与要素替代之间的联系（何爱和曾楚宏，2010）。为了便于理解，速水—拉坦农业诱致性技术变革过程可以用图 2-1 来做出简要的说明，其中（a）表示机械技术进步的过程，（b）表示生物化学技术进步的过程。该模型中，土地和机械动力被看作是互补的，并且是劳动的替代品；化肥和基础设施被看作是互补的，并且是土地的替代品。

如图 2-1（a）所示，U_0 和 U_1 分别代表零期和第一期的创新可能性曲线（IPC），是一系列缺乏弹性的等产量曲线的包络线。假定劳动相对于土地变得更为稀缺，劳动—土地价格比率从 p_0 下降到 p_1 时，由 u_1 表示的另一种新技术（例如联合收割机）被引入生产，最小成本均衡点为 O_1。这种新技术使每个劳动力耕种更大面积的土地，一般也要求每个劳动力拥有的动力数增加，这表明土地和机械动力之间是互补关系，可以用直线（A，M）来表示。因此，机械技术革新使得农户在劳动力、土地、机械动力的组合上做出反应，这就是劳动稀缺诱致下机械技术进步的表现。

同理，土地稀缺诱致下生物化学技术进步的过程如图 2-1（b）所示。T_0 和 T_1 分别代表零期和第一期的创新可能性曲线（IPC）。土地—化肥价格比率从 r_0 下降到 r_1 时，由 t_1 表示的另一种新技术（例如对化肥更敏感的高产作物品种）被引入生产，这个新技术使得单位化肥可以生产更多的作物。一般来说，以化肥替代土地的技术，要求有更好的对水的控制和土地管理，这意味着化肥和基础设施（例如排灌系统）之间存在互补关系，可以用直线（F，B）来表示。因此，生物化学技术革新使得农户在土地、化肥、基础设施的组合上做出反应，这就是土地稀缺诱致下生物化学技术进步的体现。

通常情况下，农业机械可以看作是劳动的典型替代要素，化肥可以看作是土地的典型替代要素，与此相对应的，农业机械技术的进步能够有效节约劳动，进而提高劳动生产率，而生物化学技术的进步能够有效节约土地，进而提高土地生产率。诱致性技术创新理论将资源禀赋与技术变革结合到一起，成功地解释了由资源稀缺变化所引起的要素相对价格变化对农业技术变革的诱致性作用，在农业发展研究中应用非常广泛。需要特别强调的是，农业诱致性技术

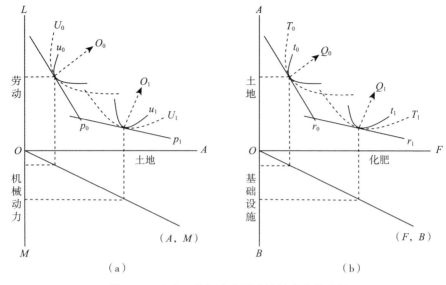

图 2-1　速水—拉坦农业诱致性技术变革过程

变革并非短期、静态、一蹴而就的，而是一个长期、动态发展和调整的过程，其中一个关键因素是要素相对价格的变化，例如机械和生物化学技术的进步，其动态过程是由相关生产要素价格变化引致要素替代（速水佑次郎和弗农·拉坦，2014）。农业技术朝着节约稀缺（因而昂贵）要素、使用充裕（因而便宜）要素的方向革新，投入生产要素组合的变化表明了沿着总生产函数进行的生产要素的替代过程，总生产函数又随着由相关生产要素价格变化而引起的生产曲面的变化而变化。要素替代或者技术变革可以在一定程度上冲破一个国家或区域在资源禀赋条件上的瓶颈，从而推动农业生产的增长（吴丽丽，2016）。

2.1.2　农户行为理论

对农户行为进行研究是基于微观视角对农村经济社会发展问题做出阐释的重要思路，农户行为理论是农户做出各种农业生产决策的理论基础。回顾已有关于农户行为理论的研究，主要形成了如下四大学派：

一是以马克思为代表的"剥削小农"学派。马克思（2004）认为"小农"是拥有小块土地的生产者，他们使用着传统、落后的手工工具，生产过程是分散、孤立的，基本上自给自足，很少与外界进行交换。恩格斯（1951）在肯定马克思"小农思想"的基础上，提出"小农经济"这个概念，明确赋予了"小农"自然经济特质，同时扩展了"小农"的具体内涵，又将欧洲的封建农民划分为小农、中农和大农三个阶层，并且强调"小农"同时包括土地所有者和租佃者。马克思原著中并没有直接出现"小农经济"的概念，但他所说的"小农"和恩格斯提出的"小农经济"，两者希望传达的思想基本相同。先进的生产方式淘汰落后的生产方式是历史发展的必然规律，即生产资料个体所有的小农经济，必然会被高度集约经营的资本主义所取代（何爱平和陈志勇，2012；宋宇和张美云，2020）。因此，马克思和恩格斯做出了"小农经济必趋向衰"的科学论断，并指出小农阶层的消亡需要经历漫长的历史过程，这一过程中小农阶层逐渐分化，出现资本主义农场主和农村雇佣工人两个社会阶级。

二是以恰亚诺夫为代表的组织—生产学派，也称"生存小农"学派。恰亚诺夫（1996）在《农民经济组织》中，选取 20 世纪初俄国的农场作为研究对象——它们规模大、以家庭为生产单位——详细论述了家庭农场与资本主义企业的差异。书中聚焦土地、劳动和资本三个主要要素的组织方式，指出农民并不是雇佣劳动力，而是主要依靠自身劳动，因而难以核算其工资；农户的生产目的主要是满足家庭消费和自身生存需要，等同于自给自足的自然经济，以家庭效用最大化而不是市场利润最大化作为追求目标。所以，这种小农经济是保守的、落后的、非理性的且低效率的（翁贞林，2008）。Polanyi 等（1957）从哲学层面和制度维度的视角对小农行为进行探讨，他认为在资本主义市场出现之前的社会中，经济行为植根于当时特定的社会关系之中，因此需要找到把经济过程作为社会的制度过程来分析的框架和方法，以更好地研究这种经济行为。随后，Scott（1976）提出了"道义经济"命题，他认为"生存"和"安全"是农民社会行动的首要原则，强调农民具有强烈的生存取向，因而追求的是风险最小化，而不是收益最大化。Lipion（1968）指出，风险厌恶是基于贫穷小农的生存需要，所以他们的一些看似不合理的行为实际上是为了"避免灾难"。

三是以舒尔茨为代表的"理性小农"学派。舒尔茨（1987）在《改造传统农业》中把农户看成是和资本主义企业家一样的"理性人"，认为在进行资源配置和生产要素投资时，农民的行为动机是利润最大化，将帕累托效率（Pareto Efficiency）作为生产要素配置时的最优原则，因而这种小农经济是"贫穷而有效率的"（饶旭鹏，2011；马良灿，2014）。因此，合理运用现代生产要素，在此基础上对农民进行人力资本投资，成为改造传统农业的关键所在（Schultz，1964）。Popkin（1979）在《理性的小农》一书中进行了更为详细的解释，提出了"农户是理性的个人或家庭福利最大化者"的假定，并指出其中的理性意味着，农户可以依据他们的偏好和价值导向评估自我选择的后果，然后做出他们认为能够实现期望效用最大化的选择。由于上述两者的观点接近，学术界习惯将其统称为"舒尔茨—波普金命题"。

四是以黄宗智为代表的历史学派，也称"综合小农"学派。黄宗智（2000a）在《华北的小农经济与社会变迁》中提出了"内卷化"这一名词，指在既有的技术条件下，由于人口的压力，不是收入与劳动投入同步增长，而是随着劳动投入增加，边际报酬递减的现象。黄宗智（2000b）在《长江三角洲小农家庭与乡村发展》中又把"内卷化"改称为"过密化"，并进一步提出了"过密型商品化"及由此推及的"过密型增长"。由于"过密化"，剩余劳动力始终附着在小农经济上，难以从小农家庭农场中剥离出来形成独立的、纯粹的阶层，即无法成为真正意义上的"无产—雇佣"阶层，只能称之为"半无产化"。"过密化"和"半无产化"对农户收入结构的独特影响是，农户家庭收入的主要来源包括农业和非农业两部分收入。其中，非农收入再多也只能成为弥补家庭开支的"拐杖"，仅是家庭收入的某种补充而不能替代。总体来说，历史学派实际上结合了上述几个学派的观点，认为中国的农户既是生计的追求者，也是利润最大化的追求者。

随着行为经济学的发展，学界开始集中于对个体行为异质性的阐述，提出了异质性行为理论，该理论的核心内涵与同质性行为理论有明显的不同，同质性行为理论内涵包括：一是每个人都能根据所处的环境理性地做出最有利于自身收益的行为决策；二是经济活动中每个行为人都是完全利己的。而异质性行为理论认为：第一，个体是有限理性的，无法根据外部信息做出与其他人完全一致的理性决策，致使不同个体之间存在异质性的行为选择；第二，在经济活动中个体不是完全利己的，可能会存在利他偏好，在做决策时会对他人的行为与结果进行评价，但受限于性格、年龄、受教育程度等个体特征，不同个体对他人行为的判断存在差异。农业生产方式转型会对农户生产要素使用带来一定冲击，使得农户的收益目标和价值判断呈现多样化的趋势，异质性行为理论为分析和解释不同个体的行为决策提供了更为广阔的思路，有利于制定出兼顾农户差异化收益目标与农业高质量发展的政策建议。

2.1.3 规模经济理论

经济学鼻祖亚当·斯密提出了规模经济理论，认为劳动分工和专业化生产通过提高效率水平降低单位产品生产成本。从定义上来看，规模经济理论是成本领域的概念。新古典学派把固定投资成本引入模型；新制度经济学派进一步引入交易费用。张晖明和邓霆（2002）指出规模经济有工厂模型和公司模型之分，工厂模型是从生产要素、生产方法以及技术条件等角度提出的，又称为生产技术规模经济，而公司模型是从经营管理角度提出的，又称为经营管理规模经济。《新帕尔格雷夫经济学大辞典》对规模经济（Economies of Scale）做了权威性的定义，即在既定技术水平条件下，生产一单位单一的或复合产品的成本，如果在某一区间生产的平均成本递减，那么就可以说这里有规模经济（约翰·伊特韦尔，1996；许庆等，2011）。规模经济是一个相对长期的概念，按照微观经济学教材的解释，规模经济的均衡点应是短期平均成本曲线与长期平均成本曲线最低点相切的那一点。

规模经济又可分为内部规模经济和外部规模经济，内部规模经济主要用以解释单个主体生产某一产品的平均成本随生产规模扩大而变化的情况，外部规模经济主要用以解释一个地区生产某一产品的平均成本随生产规模扩大而变化的情况。由于本书第 8 章以单个花生种植户的花生生产情况作为研究对象，因此仅分析内部规模经济。内部规模经济主要体现在以下几个方面：一是实现生产效率提升。分工是促进生产效率提升的重要因素，而分工的实现受制于市场规模，因此生产规模的扩大将促进内部分工的实现，进而有效降低生产成本；同时，规模扩大还将促进先进生产技术及专用设施、设备的运用，进而大幅提升生产效率。二是降低生产要素采购成本。结合市场结构看，生产规模越大，生产主体越具有强大的议价能力，能够有效降低生产要素的采购成本，进而实现生产成本的下降，并由此形成对市场的垄断。三是实现不同要素的最优配置。由于部分生产要素具有不可分性，即此类生产要素只能一次性地全部投入到生产中，而不能根据实际生产的需要，与其他生产要素一起以相同比例投入生产，所以生产规模扩大将促进不同生产要素的投入逐步趋于最优配置，实现对不可分性生产要素的充分利用，最终降低生产成本。随着生产规模的持续扩大，规模经济将转向规模不经济，即生产成本将呈现持续上升态势。规模不经济主要体现在以下几个方面：一是增加组织的管理成本。随着生产规模的扩大，内部分工日渐复杂，机构日渐臃肿，管理难度持续加大，最终导致组织的管理成本持续上升。二是不同生产要素的投入比例逐步偏离最优区间。由于在生产规模不断扩大的过程中，难以对不同性质的生产要素按照相同比例进行追加投入，不同生产要素的投入比例会逐步偏离最优区间，最终造成生产成本的上升（李鹏程，2022）。

与规模经济概念接近的还有规模报酬，胡代光（2000）对规模报酬的定义是，在既定技术水平下，当所有投入要素的数量发生同比例变化时产量的变化率，或者是各种生产要素按相同比例变化时所能得到的产量变化。许庆等（2011）指出规模经济与规模报酬这两个概念存在一定差异，直接等同容易造成研究结果有分歧和不准确。规模经济不一定要求要素按照同比例变化，描述的是成本与规模之间的关系，而规模报酬描述的是生产要素投入与产量之间的关系。Rasmussen（2013）同样指出规模报酬是一个技术概念，描述的是投入要素数量和产量之间的关系，而规模经济是一个经济概念，描述的是生产成本和规模之间的关系。李谷成等（2009）指出规模经济与微观经济学中的所有要素投入按同一比例同时增减所产生的规模收益变化的含义不同，由于土地的相对固定性，农业生产中所有投入要素按同比例变化基本不可行，该定义有曲解规模经济之嫌疑。

规模经营（Scale Management）是指在农户生产经营活动中，对各种投入要素进行组合所导致的产出及效益的变化情况。土地规模经营的理论基础是规模经济理论，关于土地规模经营的表述，学界较多使用适度规模这一概念。阿瑟·杨格在《农业经济论》一书中最早提出了农业适度规模经营理论（Young，1770）。书中指出，农业适度规模经营是在一定的技术和社会经济条件下，土地和其他生产要素实现合理配比进而达到最优经营效益的活动。俄国农业经济学家恰亚诺夫对此也有一致的看法，他认为农户会根据自身禀赋特征和各种生产要素的最佳比例来组织生产，即农户会通过合理配置土地、劳动和资本这三种农业生产基本要素的数量与质量来从事经营活动。

2.1.4　理论启示

本部分梳理了诱致性技术创新理论、农户行为理论和规模经济理论，为后续研究奠定了坚实的理论基础，但是这些理论仍不足以解释清楚一些问题。

（1）诱致性技术创新理论很好地解释了要素禀赋变化诱导下要素替代和技术进步的实现过程，同时还反映出技术进步下要素替代实现的互补条件。随着"刘易斯拐点"的到来和人口红利的消失，劳动力价格持续快速上涨，由此导致要素禀赋结构及其相对价格出现了转折性的改变，我国农业生产面临新的禀赋条件。面对新的禀赋条件，本书借鉴诱致性技术创新理论，从要素投入结构变化和农业技术进步方向来考察我国花生生产是否表现出诱致性偏向，并考察劳动力价格上涨对农户技术采用行为诱导效应的实现条件及作用原理，试图在验证原理论的基础上实现创新和突破，强化该理论对现实情况的解释能力。值得注意的是，机械替代劳动力并非是缓解劳动力刚性约束的唯一途径，增加肥料投入或是采用新型施肥技术，同样有助于直接或间接替代劳动。使两种不同的劳动节约型技术进步途径共同作用于花生生产，成为优化劳动力刚性约束的综合手段，这也是本书的重要创新点之一。

（2）由于所处时期、研究对象以及研究方法各不相同，不同学派必然会得出不同的研究结论，但这些观点在不同程度上拓宽了农户行为的研究范畴。各个学派关于农户行为理论的诠释均有其合理性，却又存在各自的局限性，这些理论能够合理解释特定环境条件下农户的生产行为决策。中国花生生产的主体是千千万万个不同经营规模的农户，花生种植户的生产行为决策与我国花生产业发展水平密切相关。未来较长一段时间内，我国油料需求量仍将处于刚性增长阶段，花生作为我国传统第二大油料作物，具有产量进一步提升的动力和潜力。因此，本书结合当前的社会经济环境，即劳动力价格上涨这一要素禀赋变化的特定背景，聚焦农户要素投入、技术采纳和种植决策三个方面的调适行为，考察劳动力价格上涨对花生生产的实质性影响，具有一定的可行性。

（3）基于规模经济理论，重点讨论劳动力价格上涨对农户花生种植决策的影响。由于农业生产要素难以实现无限分割，这些要素在过小土地规模条件下难以得到有效利用，导致了较低的要素使用效率。为解决这一问题，不少学者主张通过扩大土地经营规模提升农业经营者的收益。劳动力和土地为互补性的生产要素，通过提升土地生产率来提高单位面积收益，同样有助于缓解劳动力价格上涨的冲击。如果把土地视为一种同质的生产要素，劳动力成本优化视角下的理性措施是使土地流向经济效率更高的经营区域或主体，通过耕地经营权的重新配置实现花生适度规模经营，产生规模经济。此外，要素不可分割也并非是绝对的，通过提高生产专业化水平同样也能够实现规模经济，例如采用农机服务的形式来进行机械化生产，可以巧妙地实现农业机械要素的有效分割，使农业适度规模经营的限制条件得到突破和改善，这将成为推动我国农业适度规模经营的新突破口。

2.2　文献综述

本部分首先对劳动力价格相关研究进行综述，然后分别从要素投入结构、农户技术采纳行为、农户种植决策等方面，对国内外学者对农业生产所做的相关研究进行综述，以期对后续研究起到借鉴作用。

2.2.1　劳动力价格研究

2.2.1.1　劳动力价格的变化与动因研究

早期关于农业劳动力的研究主要集中在劳动力转移、人口结构变化（老龄化、女性化等）、非农就业等领域（盖庆恩等，2014；成德宁和杨敏，2015），这些因素的作用其实都必然反映在劳动力价格的变化上。2004—2012 年，农民工工资保持着 11.5% 的实际年增长率，即使在金融危机期间，工资增长的势头也并未减缓[①]（蔡昉，2014）。现有研究普遍认为，农村剩余劳动力减少、劳动力供求关系发生着根本性变化是农民工工资上涨的根本原因（刘延平和周开让，2013）。2001—2010 年，农民工工资与农村剩余劳动力数量的相关系数为 −0.95，说明农村剩余劳动力数量的减少会导致农民工工资的提高，且这种影响存在累积、滞后效应，长期更为显著。短期来看，两者的弹性系数为 −1.06；长期来看，两者的弹性系数为 −1.68（金三林和朱贤强，2013）。2010—2017 年，农村剩余劳动力数量下降的幅度约为 6.4%，按长期弹性系数进行推算，农民工工资的增速约为 10.8%，再考虑物价水平的上涨（假定同期 CPI 年均涨幅 3%），则农民工工资的增速将高达 14%（刘延平和周开让，2013）。

随着农村劳动力稳定、大规模转移出农村进入城市非农就业，既定价格水平上的劳动力供应量发生改变，农村劳动力市场上供应曲线向内移动，从而造成农业中雇佣劳动的工资水平也随之大幅度上涨（钟甫宁，2016）。2004—

---

① 根据人民银行调查，2009 年农民工平均工资达到 1 783.2 元，比上年实际提高 17.8%。

2011 年，粮食生产中雇佣劳动工资的年均增长率为 15.5％，棉花生产中雇佣劳动工资的年均增长率为 11.3％，在规模养猪中就业工人工资的年均增长率为 12.8％（蔡昉，2014）。从计算结果看，农民工工资与各类农产品雇工工资定基指数的相关系数均高于 0.9，说明农民工工资对农业劳动力工资有着带动作用，可以看到工资趋同的趋势（金三林和朱贤强，2013）。

值得注意的是，农业劳动力供应并非绝对缺乏而是相对不足，主要有两方面原因：一是随着农村青壮年劳动力持续、大规模转移，农业生产一线劳动力的老龄化和妇女化趋势日益加重，劳动力数量与实际劳动投入量并非等同，所以农业生产的老龄化和妇女化虽然并未造成劳动力数量的直接减少，但却带来了实际或是潜在劳动投入量的减少；二是农业生产劳动力需求与供给之间存在时间上的不匹配，农业生产的季节性决定着农业用工旺季与淡季交替，九月中下旬农忙时期农业生产对劳动力的需求量是一月中上旬农闲时期的 37 倍，因此农忙时雇工困难且成本高昂与农闲时雇工闲置现象并存（杜学振等，2009；钟甫宁等，2016）。

随着劳动力价格显著大幅增长，尽管农业用工数量明显减少，但由于劳动力价格的增长速度远远快于劳动力数量的减少速度，使得整体而言，我国主要农产品生产的人工成本仍在增长，并成为推动农产品成本上升的重要因素（姜长云和张艳平，2009；黄季焜和马恒运，2000）。因此，很多学者把劳动力价格当作广义的劳动力成本。王美艳（2011）用雇工工价和家庭劳动日工价来衡量农业劳动力成本，发现农业劳动力成本长期以来尤其是自 2004 年以来呈现稳步和迅速提高的趋势。随着经济社会的发展，劳动力的价格将越来越昂贵，我国劳动力成本上升将是不可逆转的趋势（蔡昉，2006）。

2.2.1.2 劳动力价格变化对农业发展的影响研究

劳动力价格上涨俨然已成为不争的事实，不仅影响到我国国民经济的发展，并且直接推动了农业进入高成本时代。国内外学者关于狭义的劳动力价格上涨或是广义的劳动力成本上升对农业发展的影响展开了大量研究，主要集中在农产品国际竞争力、土地利用程度、农业生产结构、农业生产性投资、全要素生产率等方面。

李谷成等（2018）利用农产品贸易和农业生产数据，基于波特钻石模型，实证检验出农业劳动力成本的提高不利于我国农产品国际竞争力的提升，且这种负面影响在西部地区最明显。杨进和陈志钢（2016）认为，劳动力价格上涨会激活农村土地流转市场，对农户土地租入和土地租出行为都有显著的正向影响。郝海广等（2015）进一步指出，农户会依据其劳动力务农机会成本的高低做出不同的土地利用决策，随着务农机会成本的不断上升，农户更倾向于选择粗放式经营甚至抛荒撂荒，被边际化的土地随之增加。田玉军等（2009）发现，随着农业劳动力机会成本上升，农户会增加劳动生产率高的农作物种植面积，如马铃薯、水稻、玉米，相反会减少劳动生产率低的农作物种植面积，如小麦；与此同时，部分劣质土地会退出农业生产，从而造成农地边际化。杨进等（2016）基于农业部固定观察点微观农户调查数据，研究发现劳动力价格上涨会抑制粮食作物的种植比例提升，促进经济作物的种植比例提升，其中对蔬菜种植比例提升的促进作用最大。但是，由于平原地区相对更容易实现机械化生产，所以劳动力价格上涨对粮食生产的负面影响会在一定程度上被削弱（易小兰和颜琰，2019）。李昭琰和乔方彬（2019）的研究发现，工资增长对农业机械化有显著的促进作用，机械化又进一步影响了农作物种植结构，出现劳动力密集型作物减少和劳动力粗放型作物增加的变化；如果保持现有的工资涨幅和机械化发展水平，那么三年内我国棉花种植规模将减少17％。耿献辉等（2014）研究发现，人工成本上升对我国梨生产区域面积变动存在显著的负面影响，且表现出区域差异性，目前梨生产开始由传统渤海湾地区向西北及长江地带转移。王平等（2020）利用1999—2017年中国12个棉花主产省份数据，基于要素投入结构的中介效应进行检验，发现劳动力成本上升对棉花全要素生产率的增长存在负面影响，这一过程中要素投入结构发挥着中介作用。

2.2.2　要素投入结构研究

生产要素投入结构决定了经济增长方式与效率（Krugman，1994）。在传统农业向现代农业转型过程中，农业生产要素投入结构不断优化，新的生产要素投入使我国农业生产力得到长足发展。国内外学者对于要素投入结构进行了卓有成效的研究，综合起来看主要有以下几个方面。

2.2.2.1　各种生产要素投入关系的研究

改革开放以来，随着制度放活和技术进步，城乡间要素流动和交换明显增强，农业生产要素（土地、劳动和资本）投入呈现出不同的变动趋势。具体来说，农作物播种面积在波动中总体增长、农林牧渔业从业人员数量先升后降、农业资本存量长期徘徊后快速增长。随着土地、劳动和资本投入的非对称性变化，整体上农业要素之间的组合关系趋于合理（涂圣伟，2017）。杜鑫（2013）指出，农户各种生产要素投入决策之间存在显著的相关关系，其中劳动力转移就业决策会提高土地租出的可能性，而降低土地租入、农业生产资本投入的可能性，农业生产资本投入的增加有利于租入土地，而不利于租出土地。Van Zyl等（1987）对南非夏季降雨谷物产区的研究发现，由于机械化水平的快速提高，特别是收获环节中资本对劳动力的替代，每一千公顷的农场工人数量在1970年以后持续下降。但是有一些学者指出，这一过程的实现受到地形条件的约束，耕地中坡耕地比例较高的地区，机械对劳动力的替代作用会被削弱（郑旭媛和徐志刚，2016）。周晶等（2013）利用1991—2011年湖北省县级面板数据的分析表明，地形条件是导致农业机械化水平存在区域差异的主要因素，其解释程度高达35%～50%。

新古典经济理论中资源优化配置符合"完全有效"的假定，但是由于我国农村要素市场发展滞后，农业生产的要素组合无法满足上述前提，农业生产要素错配现象普遍存在。具体表现在两个方面：一是"二元经济"结构下，生产率较低的农业部门会对生产率较高的非农业部门产生阻碍，导致跨部门资源配置扭曲；二是农业结构失衡造成的农业内部资源配置不合理（陈训波，2012）。1978—2015年，资本、劳动和土地要素错配对我国农业产出变动的影响分别约为0.02%、0.05%和—0.1%，而要素错配造成我国农业产出损失为5%且不断增加（郑宏运等，2019）。Sheng等（2017）利用1978—2010年澳大利亚农场面板数据进行的研究发现，资源再配置可以解释50%的农业生产率增长，而且随着时间的推移，资源再分配的贡献似乎还在增加。刘同山和吴刚（2019）利用黄淮海地区的农户调研数据，采用内生转换回归模型对农地资源错配造成的收益损失进行估计，研究发现农地资源错配对单位面积净收益存在负面影响，同期望缩小规模的农户相比，期望扩大规模的农户收益水平更高。

2.2.2.2 各种要素之间替代弹性的测算

Hicks（1932）最早提出要素替代弹性这一概念，是指在产出及其他要素价格不变的条件下，要素投入变动对要素相对价格变动的反应敏感程度。要素替代弹性一般通过CES生产函数和超越对数函数来进行测算，并采用岭回归、标准化供给面系统方法、三阶段最小二乘法获得函数的估计值。关于农业生产投入要素替代弹性的研究颇为丰富，主要集中在劳动力和农业机械之间。胡瑞法和冷燕（2006）基于1980—2003年我国粮食作物成本统计数据，采用三阶段非线性最小二乘法估计超越对数生产函数，测算得出水稻、小麦和玉米的劳动力—机械替代弹性分别为 1.2、1.11 和 1.14。潘彪和田志宏（2018）利用超越对数成本函数测算得出，2004—2016 年小麦、玉米和水稻的机械劳动替代弹性分别为 0.581、1.324 和 1.153，且替代弹性存在明显的地区差异，南方低缓丘陵区和西南丘陵山区普遍高于其他区域。Liu 等（2014）进一步考察了不同类型农业机械和劳动力之间替代弹性的差异，测算得出劳动力与大型机械之间的交叉价格替代弹性为 1.736，与中型机械之间的交叉价格替代弹性为 0.999，与小型机械之间的交叉价格替代弹性为 0.994。闵师等（2018）基于不同的替代弹性方法，对不同农产品的机械—劳动力替代弹性进行测算，研究发现直接利用替代弹性或 Allen 替代弹性方法会低估机械—劳动力的替代弹性，从理论与实证上都可以较好地反映机械—劳动力替代弹性的是 Morishima 替代弹性。

还有一些学者关注了其他农业生产要素之间的替代关系。Thirsk（1974）基于哥伦比亚农场的横截面数据，利用普通最小二乘法和广义最小二乘法进行测算，得出农业资本和劳动力之间的替代弹性约为 1.5。李志俊（2014）的研究发现，引入人力资本后，农业机械动力与耕地面积的替代弹性逐渐收敛在 1.3 左右，化肥施用与耕地面积的替代弹性收敛在 1 附近，由此说明人力资本促进了资本对传统投入资源（如土地）的替代。胡浩和杨泳冰（2015）利用 2004—2010 年全国农村固定观察点的农户数据，通过固定效应模型对小麦、水稻、玉米的生产函数进行估计，得出三种粮食作物化肥与劳动的替代弹性分别为 0.83、1.05 和 1.09，说明农户可以通过增施化肥使劳动投入减少。袁斌和陈超（2016）的研究发现，水果生产不同于粮食生产，虽然出现了物质与服务要素投入的增加，但并非是由于农业机械替代了劳动力，而是由于农药、化肥及其他物质投入的增加，即由劳动力密集型向资本密集型转变。

2.2.2.3 要素替代关系的效应研究

早在 20 世纪 50 年代，Solow（1956）就已经指出要素替代弹性在经济增长中发挥着关键作用。Klump 和 Grandvillede（2000）使用标准化的 CES 函数证明了经济处于稳态且其他因素相同的情况下，替代弹性越高，国家的人均收入水平也越高。Yuhn（1991）实证检验了替代弹性与经济增长的关系，研究结果说明两者的关系符合德拉格兰德维尔假说，美韩经济增长的差异与替代弹性的高低高度相关。Lopez 和 Tung（2010）研究发现，劳动力是能源投入的最佳替代品，是以能源为基础的投入的次佳替代品，这意味着提高农业劳动力的可用性可能是促进农业节能的有效措施。尹朝静等（2014）指出，改革开放以来中国各省农业资本和劳动投入之间存在明显的替代关系，两者之间替代作用的不断加强推动着我国农业增长，优化了农业生产要素结构，同时有利于农业全要素生产率的提升。王欧等（2016）研究发现，机械对劳动力的替代能够促进粮食产量的增加，从而有效缓解劳动力转移特别是优质劳动力转移给粮食生产造成的损失，保障农业产出的增长。李谷成等（2015）利用1978—2012年全国13个油菜主产区的面板数据，基于超越对数生产函数对油菜生产要素之间的替代关系进行实证分析，研究发现由于化肥和机械投入对劳动力产生了显著的替代效应，从而有效克服了劳动力外出转移对油菜单产带来的冲击。王水连和辛贤（2017）基于农户微观调查数据，运用参数和非参数方法实证分析了替代弹性与农民收入两者之间的关系，研究发现机械对劳动力的替代能够显著增加农户的甘蔗种植收入，同时有利于家庭总收入的提高。

2.2.3　农户技术采纳行为研究

对农业技术采用的研究最早可以追溯到20世纪初，理论上来说，农业技术创新有助于提高农业劳动生产率、打破资源约束瓶颈、推动农业经济持续快速发展。然而，农业技术创新能否在实际农业生产过程中发挥上述作用，还将取决于农户的技术采纳情况。因此，农户技术采纳行为成为学术界研究的热点话题之一，并取得了众多的研究成果。

2.2.3.1　农户技术采纳行为及其影响因素研究

这方面的研究主要可以分为两类：一类是笼统意义上的技术采纳行为及其影响因素的研究。Abdulai等（2011）基于加纳库马西农户的横截面数据发现，除了家庭和农场特征，种植模式也会显著影响农户采用更安全的灌溉技术。Krishnan和Patnam（2014）研究发现，邻里学习效应对农户采纳新技术存在显著影响，而且这种效应比从推广机构那里获得的学习效应更持久。仇焕广等（2020）通过实验经济学方法测度了农户风险偏好指数，研究发现风险偏好和风险感知对农户保护性耕作技术采纳具有显著影响，风险感知对风险偏好影响农户保护性耕作技术采纳具有正向调节作用。李晓静等（2020）利用变异系数法和倾向得分匹配法，实证分析了参与电商对猕猴桃种植户绿色生产技术采纳的影响效应，发现农户参与电商通过四个路径影响其绿色生产技术采纳，具体包括提升产品价格预期、增加经济收益、降低信息约束以及树立良好口碑。上述文献主要聚焦于对采纳群体特征以及环境约束等影响因素的研究，实际上，技术属性特征也会对农户技术采用行为产生很大影响，如农业技术本身的复杂程度、收益水平、适应性、风险性以及对资源的依赖程度等（Rogers，1995；满明俊等，2010）。罗杰斯（2002）对新技术采用率的研究指出，技术本身属性对技术采用率的解释程度可达49%～87%。在农户分散决策的条件下，农户的技术需求以及技术采用行为与农业技术的属性具有较大的关系，农户更愿意认同和采用成本低、经营风险小、收益高、节约要素投入的农业技术（满明俊等，2010）；相反，投资较多、建设期长、操作复杂的农业技术被农户采用的可能性较低（凌远云和郭犹焕，1996）。

另一类是不同技术的采纳行为及其影响因素研究。实际上，农户基于个人或家庭特征、外部环境特征等因素，表现出不同的技术采纳行为（唐博文等，2010）。贺梅英和庄丽娟（2014）研究发现，市场需求能够显著促进农户采用各种先进的荔枝生产技术，其中预期销售价格显著诱导农户对间伐改造技术的采纳，而预期销售收入显著诱导农户对高接换种技术的采纳。曹光乔和张宗毅（2008）对于保护性耕作技术的研究发现，政府支持行为、粮食商品化程度和户主身体健康状况对农户采纳秸秆还田和免耕播种技术均有促进作用，秸秆经济用途和劳均土地块数对农户采纳秸秆还田技术有负面作用，户主年龄、文化水平、技术评价对农户采纳免耕播种技术有促进作用。除此之外，有学者也指出同一变量对农户采用不同属性技术的影响亦不相同。Khanna（2001）基于美国中西部四个州的调查数据发现，种植规模对土壤测试技术采用的影响不显著，对更复杂的变量投入技术（Variable Rate Technology，VRT）存在显著的正向影响。

2.2.3.2 农户技术需求或意愿及其影响因素研究

农户技术采用行为的大多数研究都针对相关技术已经被推广、应用一段时间后的实际采用情况，而实际生产过程中，农技推广部门的一项重要任务就是在技术被研发之后或被引进之前、待推广之前对技术采用的可能情况进行评估（喻永红和张巨勇，2009）。随着现代农业技术推广越来越强调"顾客导向"，学术界对农户的技术需求或意愿问题进行了重点关注，研究内容主要涉及农户的技术意愿、需求重点、需求优先次序及其影响因素等。宋金田和祁春节（2013）基于契约视角，利用柑橘农户调查数据研究发现，交易成本对农户农业技术需求有着重要影响，具体表现为信息成本和执行成本显著正向影响农户的技术需求，而谈判成本不会显著影响农户的技术需求。展进涛和陈超（2009）的研究发现，随着劳动力转移比例的提高，农户对农业技术的需求降低，并且随着劳动力转移数量的增加，农户对农技推广部门的依赖度降低；与此相反，农户家庭的生产经营规模越大，农户对农业技术的需求越大。廖西元等（2004）指出，水稻生产过程中农户需求较大的是高产、优质的品种技术，大户和规模经营户急需的是病虫害精准预报技术和高产与优质兼顾的品种技术，一般户和小户急需的是高产品种技术。

在农户技术采纳过程中，会出现需求意愿与应用行为相背离的现象，相关研究已取得了一定成果。Yazdanpanah 等（2014）研究了伊朗农户节水意愿和节水行为的背离情况，结果发现造成这种问题的关键是农户认知等主观规范维度因素。余威震等（2017）的研究指出，农户绿色认知差异是农户采用有机肥技术意愿与行为产生背离的重要原因，其中最根本的原因是性别、年龄、从众心理、土壤肥力以及种植规模，这些因素通过影响农户的绿色生产重要性认知，最终造成农户在生态环境政策和化肥减量化行动上的认知差异。许朗和陈杰（2020）基于 2017 年河北和山东农户调研数据的实证分析发现，农户节水灌溉技术的采纳行为意愿和应用存在背离，产生这种背离的根本原因是忽略了资金因素这一客观条件，而技术约束对这种背离没有显著性影响。

2.2.3.3 关于农户技术采纳效果评价的研究

农户是农业生产的微观主体，他们期望通过采用一系列农业技术来缓解生产中各种冲击造成的不利影响，其中农业技术的采纳效果显得尤为重要，主要包括农业技术对农户农业产出、收入以及生态效应等的影响。因此，学术界对农户技术采纳效果展开了大量研究。Asfaw 等（2012）基于埃塞俄比亚和坦桑尼亚的调研数据研究发现，豆类改良技术在提高农户家庭福利方面有潜在作用，因为技术进步带来的更高消费支出将转化为更低的贫困、更高的粮食安全水平和更大的风险承受能力。Wossen 等（2019）研究发现，尼日利亚采用改良木薯品种技术使得 162 万人摆脱了贫困，产出水平越高，农户采用新品种的可能性越大。姚延婷等（2014）指出，环境友好农业技术创新（PA）每增加 1%，农业经济增长（GAP）相应增加 0.375%，而环境友好技术推广程度（TE）每增加 1%，农业经济增长（GAP）相应增加 0.542%，两者的促进作用是缓慢且长期有效的。赵连阁和蔡书凯（2013）的研究发现，农户采纳化学防治型 IPM 技术和物理防治型 IPM 技术，能够明显减少农药投入成本，而农户采纳化学防治型 IPM 技术和生物防治型 IPM 技术，可以明显提高水稻产出水平。罗小娟等（2013）研究发现，若其他因素不变，采用测土配方施肥技术的可能性每增加 1%，每公顷化肥施用量可减少 0.45 公斤，每公顷水稻单产可提高 2.91 公斤。胡海和庄天慧（2020）基于对四川省茶叶主产区的 427 位茶农的调查数据研究发现，采纳绿色防控技术可以明显改善农户家庭福利，具体表现在茶叶亩均利润、家庭可支配收入和家庭生活消费支出的提升。邓远远和朱俊峰（2023）利用内生转换回归模型，基于反事实假设发现，保护性耕作技术采纳在增加粮食产出的同时降低了粮食产出风险，体现出显著的增产与稳产效应。

2.2.4　农户种植决策研究

农户种植决策是诸多因素共同作用的结果，包括自然经济社会因素、生产者及其家庭因素等。目前学术界对农户种植决策问题做出了大量的探讨和研究，主要集中在以下三个方面。

2.2.4.1　关于农户种植结构调整的研究

Brauw（2010）研究发现，劳动力的外出转移会促使农户调整农作物种植决策，由种植劳动密集型作物向种植土地密集型作物转变，Damon（2010）的研究也得出与此类似的结论。也有一些学者持不同观点，例如，王翌秋和陈玉珠（2016）的研究发现，劳动力外出务工并不会对粮食作物的种植概率和种植比重产生明显影响，会对农业生产造成损害的情况是家庭多数劳动力外出务工。李庆等（2019）分析了不同年龄段农户的种植结构变化，发现年轻农户会同时提高粮食和经济作物的种植强度，而老年农户则选择减少种植粮食作物、增加经济作物复种指数，以实现利润最大化。张建等（2020）的研究发现，小、中规模的土地转入与种植经济作物决策正相关，而大规模的土地转入会降低农户经济作物种植概率，土地转出与种植经济作物决策负相关。钱龙等（2018）分析了农地流转对粮食种植结构的影响，发现农地转入对粮食种植比例有显著的正向影响，而农地转出对粮食种植比例有显著的负向影响，且主要是通过影响水稻生产改变粮食内部的种植结构。叶初升和马玉婷（2020）的研究发现，农户的人力资本水平及其与技术进步的适配性会显著推动农作物种植结构的转型，人力资本水平及其与技术进步的匹配程度越高，经济作物的种植规模就越大，而粮食作物的种植规模越小。吕开宇等（2013）利用2005—2007年农户微观数据进行实证分析发现，当预期收益并非足够高时，农户会首先确保稻谷和小麦等主粮产量，在此基础上适当调整玉米、大豆等副粮生产。向青和黄季焜（2000）的研究表明，地下水灌溉系统产权的演变导致了粮食作物种植面积比例的下降，以及高经济价值作物种植面积比例的增加，最终显著影响了农作物种植结构的调整。董晓霞等（2006）的研究肯定了地理区位假说，但同时指出农村交通基础设施的完善虽然促进了种植业结构调整，但是却逐渐削弱了地理距离对农业生产（农作物种植选择）的影响。

2.2.4.2　关于农户经营规模调整的研究

苗珊珊和陆迁（2013）比较了粮食的价格和收益发现，粮食价格是决定粮农生产决策行为的重要因素，随着粮食价格的提高，农户倾向于增加粮食种植面积，且倾向增加的规模越来越大。祝华军等（2018）利用2016年湖北省农户调研数据，基于logit模型实证分析了玉米种植规模调整的影响因素，研究表明农业收入占家庭收入的比例与调减玉米种植规模呈倒"U"形关系，政策导向下全程机械化示范区农户调减玉米种植的可能性小，而水田和退耕还林区农户相应的可能性较大。周曙东和乔辉（2018）基于2011—2014年农户微观面板数据发现，以花生生产为例，随着经营规模的扩大，农产品价格对农户种植面积的影响程度先上升后下降，即两者之间表现为倒"U"形关系。杨万江和李琪（2018）的研究发现，水稻生产中兼业化带来的劳动力流失对纯农户和兼业户的种植面积均有负向作用，并且对一兼农户的影响最为显著。廖洪乐（2012）在重新提出农户兼业划分标准的基础上，指出农户兼业与农地流转之间的关系会由于地区和农户类型有差异而不同，耕地转出比重与农户兼业程度表现出近似"U"形曲线的关系。

还有一些学者从不同角度对中国农业补贴问题进行了深入研究，主要集中在农业生产补贴政策的效果与补贴方式等方面。刘克春（2010）的研究认为，通过调节农户粮食生产收入的预期，粮食直接补贴、最低收购价政策有助于调动农民粮食生产积极性，从而推动粮食种植面积的增加。王新刚和司伟（2021）基于中国大豆主产区地级市层面的面板数据，研究发现生产者补贴政策的实施达到了扩大大豆播种面积的政策目标。钟钰和秦富（2012）运用倍差法实证研究了价格支持政策对稻谷生产的影响，指出价格支持政策不仅并未对稻谷面积的增加起到正向推动作用，同时还造成了较低的成本有效性。张应良和文婷（2020）利用 2016—2017 年种粮大户有关数据，采用 Tobit 模型考察了现金直补对不同规模种粮大户种植规模变化的影响，研究发现现金直补对 500 亩以下农户的种植规模具有抑制作用，而对 500 亩以上农户的种植规模具有促进作用，且促进作用随着规模的增加而增大。

2.2.4.3　关于农户之间决策行为的研究

当前绝大部分对农户决策行为的研究都是建立在农户为独立决策者的基础上，认为农户能对市场价格迅速做出反应。但是已有研究充分证明了农户之间的决策是相互影响的，农户生产决策会受到其他农户的影响，而且其影响力甚至大于其他影响因素（Stone et al.，2014）。张雪和周密（2019）发现，农户的种植结构调整意愿很大程度上会受到群体内他人意愿的影响，且亲缘网络中其他农户意愿带来的影响更强，强于地缘网络，即农户的种植结构调整中存在羊群效应。这种效应产生的主要原因是学习型模仿和风险分担，即在信息不充分的情况下，农户通过相互学习和模仿他人规避风险、减轻恐惧心理。对于不同规模农户而言，羊群效应存在异质性，即小规模农户更易表现出从众决策行为，中规模农户主要在政府的安排下做出生产决策，大规模农户则依据市场预测来独立决定（李岳云等，1999）。

从众行为会导致一定范围内带有社区性的农户生产行为的复制性、跟进性与同构性，造成农业投资的流失和浪费，增加农户生产经营的风险负担（张绪勇，1993）。有一些学者对此却并不认同，吴帆（2007）的研究指出，集体决策可以减少市场交易成本，解决农户之间的种植纠纷，具有很强的正外部性。由于外部性的存在，农户的生产行为表现出一定程度的集体决策特征，虽然不同地区的实现形式不同，但只要不是市场谈判式的集体决策，不管是哪种非市场化的集体决策，都属于民众参与的基层组织，可以有效降低高昂的交易成本、提升农村社会福利（杨志武，2010）。

2.2.5　文献述评

综上所述，已有文献为本研究的设计和开展提供了良好的基础和参考，但是还存在如下的不足之处：（a）已有关于农业劳动力的研究主要集中在劳动力转移和非农就业、劳动力结构性变化等领域，这些因素引起劳动力减少的信号是以劳动力价格上涨进行传递的，但很少有文献从劳动力价格上涨视角对农业生产受到的实质性影响进行研究。（b）现有关于劳动力禀赋对农业生产影响的研究多聚焦在粮食等大田作物上，它们大多属于土地密集型农作物，然而土地密集型农作物比劳动密集型农作物更具有低劳动力成本优势，再加上国家粮食安全政策、粮食机械化等作用，劳动力价格上涨对粮食生产的影响得到明显缓解。实际上像花生这类对劳动力依赖程度较大的劳动密集型农作物，更容易受到劳动力价格上涨带来的冲击，但是鲜有学者对他们进行研究。（c）已有研究多将机械对劳动力的替代视为一个整体，忽略了不同生产环节中可能存在的异质性。花生和三大主粮的机械化水平存在明显差异，尤其是收获环节，因此，劳动力价格上涨对机械技术的诱导效应有必要细分到不同生产环节。（d）已有关于农业生产要素替代的研究多关注机械和劳动力之间的替代，与此相对应在衡量劳动节约型技术时也大多局限在农业机械技术上。然而，随着现代科学技术的提升和现代工业的不断发展，施肥方式发生了很好的转变和改进，逐渐朝着轻简化方向发展，同样可以起到节约劳动力的作用。（e）劳动力价格上涨对要素投入结构调整的内在作用机制相关分析有待深化。劳动力与资本要素价格上涨的不同步催生了劳动力与资本要素相对价格的改变，使得农业生产经营者调整农业生产决策（重新配置家庭资源禀赋），即产生要素替代。（f）劳动力价格上涨的技术诱导效应要发挥作用是要满足一系列实现条件的，只有当这些条件得到满足，劳动力价格上涨才会诱导和促进农户选择劳动节约型技术，但是现有研究缺乏对诱导机理的实现条件进行系统论证。（g）现有研究讨论的不论是要素替代还是产品替代，往往都是基于农户同质的假设前提，讲的都是某一特定区域或省份之间的替代。然而，在目前规模户与小农户并存的状态下，不同农户的资源禀赋条件、生产经营方式、行为能力等具有明显差异，各自对应着不同的生产函数和利润函数，理论上说劳动力价格上涨对他们的影响并非一致，但是鲜有文献从农户经营规模分化的视角进行研究。

3 | 劳动力价格变动及趋势分析

花生是典型的劳动密集型农作物，劳动力是花生生产中重要的投入要素，花生整个生长期间对劳动力的依赖较大，因此，劳动力价格的不断攀升必然会对我国花生产业造成影响。作为考察劳动力价格上涨对花生生产实质性影响的起点，本章基于宏观数据对我国劳动力价格变动及趋势进行统计描述和简要分析，刻画出我国劳动力价格变动的大致特点，为后续实证研究提供了直观的现实背景。借鉴杨进等（2016）的研究，利用两个维度数据来展示劳动力价格的变化趋势：一个是农业劳动力外出务工工资，用农民工[①]名义月均收入来表示，反映了农户在家从事农业生产的机会成本；另一个是农村内部劳动力务农工资，用花生生产的用工工价来表示，直接反映了农业生产的劳动力成本。

本章结构安排如下：第一节，利用农业劳动力外出务工工资数据来展示劳动力价格的上涨情况；第二节，利用农村内部劳动力务农工资数据来展示劳动力价格的上涨情况；第三节，结合以上两个方面讨论，对本章内容进行小结。

3.1 农民工工资水平的变化

3.1.1 农民工收入现状分析

表 3-1 显示了 2008—2022 年全国和分地区的农民工收入水平情况[②]。可以看出，我国农民工名义月均收入增长趋势非常明显，从 2008 年的 1 340 元

---

① 农民工是指具有农村户籍，在本地从事非农产业或外出从业 6 个月及以上的劳动者。本地农民工指在户籍所在乡镇地域以内从业的农民工。外出农民工指在户籍所在乡镇地域以外从业的农民工。

② 2008 年我国建立了农民工监测调查制度，在农民工输出地开展监测调查，反映全国农民工规模、流向、分布等情况。

上涨到 2022 年的 4 615 元，增长了约 2.4 倍。从就业地来看，无论是绝对收入还是收入增速，外出农民工指标值均高于本地农民工。从收入绝对值看，月均工资提高 200 元以上，按照每年 12 个月计算，年均增长幅度就在 2 400 元以上。农民工工资水平高速增长有着多方面的积极作用，其中最重要的是确保了近年来农民收入的不断提高，农业机械化水平亦快速提升，由于土地社会保障功能逐渐下降，加速了土地流转，与此同时也拉动了用工成本和农产品生产成本上涨（柯炳生，2019）。

分地区来看，各地区[①]农民工名义月均收入都呈现较为明显的增长趋势。具体来说，东部地区农民工工资从 2008 年的 1 352 元上涨到 2022 年的 5 001 元，年均增长率约为 9.79%；中部地区农民工工资从 2008 年的 1 275 元上涨到 2022 年的 4 386 元，年均增长率约为 9.23%；西部地区农民工工资从 2008 年的 1 273 元上涨到 2022 年的 4 238 元，年均增长率约为 8.97%；东北地区农民工工资从 2016 年的 3 063 元上涨到 2022 年的 3 848 元，年均增长率约为 3.88%。整个观察期内，东部地区农民工收入增速快于其他地区，而中部地区和西部地区的农民工工资水平基本持平，东北地区的农民工工资水平略低于其他地区。改革开放以后，外向型经济格局很快形成，依靠交通、外商直接投资、民间资本流动等优势，东部沿海地区经济快速发展，东部和中西部地区之间的差距逐渐拉大（王小鲁和樊纲，2004）。长期来看，缩小东部和中西部之间地区差距的根本途径应该是努力扭转非农产业分布的不均衡，实现中西部地区的产业结构转型，推动中西部地区制造业的快速发展（范剑勇和朱国林，2002）。

表 3-2 显示了 2008—2022 年分行业农民工收入水平情况。分行业看，农民工就业集中的六大主要行业月均收入持续增长。其中，从事制造业的农民工

---

① 历年《农民工监测调查报告》中地区统计口径存在差异。2015 年及之前，划分为东部地区、中部地区和西部地区。其中，东部地区包括北京、天津、河北、辽宁、上海、江苏、浙江、福建、山东、广东、海南 11 个省（市）；中部地区包括山西、吉林、黑龙江、安徽、江西、河南、湖北、湖南 8 个省；西部地区包括内蒙古、广西、重庆、四川、贵州、云南、西藏、陕西、甘肃、青海、宁夏、新疆 12 个省（区）。2016 年及之后划分为东部地区、中部地区、西部地区和东北地区。其中，东部地区包括北京、天津、河北、上海、江苏、浙江、福建、山东、广东、海南 10 个省（市）；中部地区包括山西、安徽、江西、河南、湖北、湖南 6 个省；西部地区包括内蒙古、广西、重庆、四川、贵州、云南、西藏、陕西、甘肃、青海、宁夏、新疆 12 个省（区、市）；东北地区包括辽宁、吉林、黑龙江 3 个省。

月工资从 2008 年的 1 264 元上涨到 2022 年的 4 694 元，年均增长率约为 9.82%；从事建筑业的农民工月工资从 2008 年的 1 534 元上涨到 2022 年的 5 358 元，年均增长率约为 9.34%；从事批发和零售业的农民工月工资从 2008 年的 1 397 元上涨到 2022 年的 3 979 元，年均增长率约为 7.76%；从事交通运输仓储邮政业的农民工月工资从 2008 年的 1 582 元上涨到 2022 年的 5 301 元，年均增长率约为 9.02%；从事住宿餐饮业的农民工月工资从 2008 年的 1 169 元上涨到 2022 年的 3 824 元，年均增长率约为 8.83%；从事居民服务修理和其他服务业的农民工月工资从 2008 年的 1 219 元上涨到 2022 年的 3 874 元，年均增长率约为 8.61%。可以看出，制造业农民工月均收入增速最快，而建筑业和交通运输仓储邮政业农民工月均收入水平较高。

表 3-1　2008—2022 年农民工收入水平情况

单位：元/月

年份	农民工工资	外出农民工	本地农民工	东部地区农民工	中部地区农民工	西部地区农民工	东北地区农民工
2008	1 340			1 352	1 275	1 273	
2009	1 417			1 422	1 350	1 378	
2010	1 690			1 696	1 632	1 643	
2011	2 049			2 053	2 006	1 990	
2012	2 290			2 286	2 257	2 226	
2013	2 609			2 693	2 534	2 551	
2014	2 864	3 108	2 606	2 966	2 761	2 797	
2015	3 072	3 359	2 781	3 213	2 918	2 964	
2016	3 275	3 572	2 985	3 454	3 132	3 117	3 063
2017	3 485	3 805	3 173	3 677	3 331	3 350	3 254
2018	3 721	4 107	3 340	3 955	3 568	3 522	3 298
2019	3 962	4 427	3 500	4 222	3 794	3 723	3 469
2020	4 072	4 549	3 606	4 351	3 866	3 808	3 574
2021	4 432	5 013	3 878	4 787	4 205	4 078	3 813
2022	4 615	5 240	4 026	5 001	4 386	4 238	3 848

数据来源：国家统计局，历年《农民工监测调查报告》。

表 3-2 分行业农民工收入水平情况

单位：元/月

年份	制造业	建筑业	批发和零售业	交通运输仓储邮政业	住宿餐饮业	居民服务修理和其他服务业
2008	1 264	1 534	1 397	1 582	1 169	1 219
2009	1 331	1 625	1 443	1 671	1 264	1 276
2010	1 582	1 946	1 717	1 956	1 511	1 520
2011	1 920	2 382	2 024	2 485	1 807	1 826
2012	2 130	2 654	2 228	2 735	2 100	2 058
2013	2 537	2 965	2 432	3 133	2 366	2 297
2014	2 832	3 292	2 554	3 301	2 566	2 532
2015	2 970	3 508	2 716	3 553	2 723	2 686
2016	3 233	3 687	2 839	3 775	2 872	2 851
2017	3 444	3 918	3 048	4 048	3 019	3 022
2018	3 732	4 209	3 263	4 345	3 148	3 202
2019	3 958	4 567	3 472	4 667	3 289	3 337
2020	4 096	4 699	3 532	4 814	3 358	3 387
2021	4 508	5 141	3 796	5 151	3 638	3 710
2022	4 694	5 358	3 979	5 301	3 824	3 874

数据来源：国家统计局，历年《农民工监测调查报告》。

根据国家统计局住户调查方案的划分办法，将农民工收入主要分为工资性收入、经营性收入、财产性收入和转移性收入。表3-3显示了农民工各项收入占比情况。已有研究使用CHIP2013和CHIP2018数据，对农民工各项收入占比情况进行了测算。结果发现，工资性收入是农民工收入的主要来源。2013年工资性收入、经营性收入、财产性收入、转移性收入占农民工总收入的比重分别为68%、26%、1%、5%，2018年分别为71%、21%、2%、6%。横向对比发现，2018年农民工工资性收入占总收入的比重最高，财产性收入占比最低；工资性收入和经营性收入是农民工收入的主要来源，两者占比之和达到92%。纵向对比发现，与2013年相比，2018年农民工工资性收入增加最多，增幅为3个百分点，财产性收入和转移性收入占比增加了1个百分点，而非农经营性收入占比下降了5%。综上所述，财产性收入和转移性收入有很大的增长空间。

为验证以上结论，进一步利用全国农村固定观察点数据测算了2016—2021年农民工的各项收入占比情况。从收入构成看，工资性收入和经营性收入仍然是农民工收入的主要来源，财产性收入和转移性收入占比较低。从变动趋势看，农民工工资占比呈上涨趋势，从2016年的53％上涨到2021年的63％；经营性收入占比呈下降趋势，从2016年的33％下降到2021年的24％；财产性收入和转移性收入的占比变动较小。本研究测算结果与已有研究均发现，工资性收入是农民工收入的主要来源，且有增加趋势，经营性收入占比下降明显，财产性收入和转移性收入占比偏低。

表3-3 农民工各项收入占比情况

数据类型	年份	工资性收入（％）	经营性收入（％）	财产性收入（％）	转移性收入（％）
CHIP数据	2013	68	26	1	5
	2018	71	21	2	6
全国农村固定观察点数据	2016	53	33	7	7
	2017	52	34	7	7
	2018	58	28	6	8
	2019	60	27	6	7
	2020	61	25	6	8
	2021	63	24	5	8

3.1.2 农民工收入的关键问题

2023年中央1号文件提出，要促进农民就业增收，完善农民工工资支付监测预警机制，不断缩小收入差距，保障进城务工农民的财产权益是重中之重。农民工是我国劳动力的重要组成部分。近年来受我国产业结构调整、农民工老龄化以及新冠疫情等多种因素的影响，农民工收入增速有所放缓，存在收入稳定性和增收动力不足，群体内部以及与城镇职工收入差距过大等问题（种聪和岳希明，2023）。农民工收入存在的关键问题及背后的深层次原因可主要归结为五方面。

（1）工资性收入增长放缓，持续增收能力不足。工资性收入是农民工收入的主要来源，对农民工收入变动影响最大。数据显示，近年来农民工工资性收入增速放缓，持续增收能力不足。具体来看：一是农民工就业缺少稳定性，工资收入不稳定。一方面，劳动力不能满足企业高技能岗位的用工需求，劳动力市场供需关系不均衡。国家统计局数据显示，我国劳动力结构性问题仍不乐观，"求职难"与"招工难"并存，高技能人才明显缺乏。尤其表现为青年人就业压力大，2023 年 5 月，仍有 600 万名左右青年劳动力失业，如果按照每 3 个劳动力就有一个是农民工推算，则有 200 万名新生代农民工正在找工作。另一方面，农民工签订劳动合同的比例逐渐下降，进一步影响农民工工资收入。数据显示，2012 年签订劳动合同的农民工占比为 38.1%，2015 年下降到 35.1%，下降了 3 个百分点。尤其是随着共享经济、数字经济等新业态的快速发展，农民工的就业形式更加趋于灵活，如外卖员、快递员等。林龙飞和祝仲坤（2023）研究发现，农民工本身就存在经常换工作的情况，在数字技术助推下，男性、新生代、高学历的农民工更容易频繁换工作，以追求更高的收入。二是农民工人力资本水平偏低，工资收入较低。一方面，老龄化背景下，农民工平均年龄增加，其技能水平无法满足新业态的需求，尤其是老龄农民工因健康等问题容易受到就业歧视。国家统计局数据显示，2012 年农民工平均年龄为 37.3 岁，到 2022 年农民工平均年龄提升到 42.3 岁。从年龄结构来看，40 岁以下农民工占比从 2012 年的 59.1% 下降到 2022 年的 47%，降幅为 12.1 个百分点，而 50 岁以上农民工占比从 2012 年的 15.1% 增加到 2022 年的 29.2%，增幅为 14.1 个百分点。另一方面，由于学历或说文化程度较低，农民工工资远低于城镇职工，即"同工不同酬"。有研究发现城镇职工的学历普遍高于农民工，城镇职工学历占比最高的是大学及以上学历，为 45.4%，农民工学历占比最高的是初中学历，为 53.4%，而大学及以上学历占比仅为 4.9%，并且即使在相同的学历水平上，农民工工资也低于城镇职工。三是农民工工资支付保障机制不健全，工资拖欠行为仍然存在。数据显示，2020 年全国共处理拖欠农民工工资行为 5.5 万件，为近 65 万名劳动者补充发放务工收入约 65 亿元，人均约 1 万元，导致农民工的工资性收入不稳定。

（2）经营性收入占比下降，增收来源比较单一。经营性收入也被称为非农经营性收入[①]，是我国农民工收入的重要组成部分。近年来，随着国家鼓励农

---

① 罗楚亮等（2021）将农村住户家庭经营收入分为农业经营收入和非农经营收入，而将城镇住户和流动人口的家庭经营收入认定为非农经营收入。因此，这里也将农民工家庭经营收入等同于非农经营收入。

民工创业的政策出台，部分农民工选择在城市创业（钱文荣和朱嘉晔，2018），当然也有很多选择返乡创业。同时，新业态促进了农民工就业向经营管理方向转变，农民工的非农经营性收入有所增加。数据显示，2018 年农民人均非农经营净收入 1 869 元，比上年增加 232 元，增长 14.2%，对农民增收的贡献率为 19.6%[①]。但是，利用全国农村固定观察点数据测算的结果显示，经营性收入的占比逐渐下降，从 2016 年的 33% 下降到 2021 年的 24%。可能的主要原因：一是县域经济处于快速发展时期，非农产业发展带动农民工创业增收能力弱，就业仍是农民工的主要选择。二是农民工受到技能限制，主要经营性收入来源为餐饮、运输等传统第三产业，与新业态相比，经营性收入增速偏低。此外，随着农民工年龄增长，老龄农民工创业渠道单一、自主创业动力不足等问题凸显，经营性收入占总收入比重较低。新生代农民工虽然选择就业创业的意愿强烈，但缺少创业的资金和项目支持。三是互联网经济不断发展，但很多农民工由于学历水平低，从事电商等新业态的能力不足。因此，目前电商等新业态促进农民工增收的规模作用尚未显现。

（3）财产性收入占比偏低，增收途径有待探索。目前，财产性收入尚未成为农民工的主要收入来源，对农民工增收贡献的潜力有待进一步挖掘。党的十八大以来，我国非常重视农民的财产权益保障，将增加农民的财产性收入作为缩小收入差距的关键因素。测算结果显示，农民工的财产性收入存在绝对收入水平低、占总收入的比重低、增速缓慢等问题。数据显示，2018 年农民流转承包土地经营权租金收入和出租房屋净收入分别比上年增长 13.6% 和 19.4%，带动农民人均财产净收入比上年增长 12.9%，但从绝对值来看，农民人均财产净收入仅为 342 元，占总收入的比重也较低。可能的主要原因：一是存在不同地区流转收益差距大、流转方式单一、土地闲置等问题，影响农民工财产性收入。因地区经济发展水平、土地质量等差异，土地经营权流转收益存在地区差距，且大多数地区的土地经营权流转以出租、转包等方式为主，占比达到88.6%，而以入股方式流转的比例仅为 5.4%[②]，出租、转包的流转方式收益较低，收益更高的联结机制尚未建立。还有部分地区外出农民工的土地流转不畅，影响其土地租金收入。二是存在农村宅基地或农房闲置问题，也影响农民

---

① 数据来源：《农村绿皮书：中国农村经济形势分析与预测（2018—2019）》。
② 数据来源：《中国农村政策与改革统计年报（2021）》。

工的财产性收入。大量农民工进城务工生活，导致农村宅基地或农房闲置，而且传统房屋出租的财产性收益较低。盘活这些闲置资产资源的市场化机制不健全，将闲置宅基地或农房入股到村集体经济组织或企业以获取分红的方式仍有待探索。三是存在进城农民工财产权益保障问题。进城农民工的土地承包经营权、宅基地使用权、集体收益分配权（以下简称"三权"）自愿有偿退出问题被广泛关注，虽然已有部分地区开展了试点，但整体上看，将"三权"转换成农民工的财产性收入仍处在探索阶段。

（4）多层次多支柱的社会保障体系尚待健全，转移性收入低于城镇职工。党和国家非常重视我国居民的社会保障体系建设，制定了一系列的政策举措，取得了显著成就。现有的社会保障体系主要包括：城乡居民基本养老保险、城镇职工基本养老保险；城乡居民基本医疗保险、城镇职工基本医疗保险；城乡最低生活保障；等等。当前"基本养老保险覆盖十亿四千万人，基本医疗保险参保率稳定在百分之九十五"①。但还有进一步完善的空间，具体来看，一是已有研究发现农民工参与城乡居民养老、医疗保险的比较多，参与城镇职工养老、医疗保险的比例低，而参与养老保险、医疗保险的差异将导致农民工与城镇职工的转移性收入差距。杨穗和赵小漫（2022）利用 CHIP2013 和 CHIP2018 数据测算的结果显示，农民工的转移性收入远低于城镇居民。2013年城镇居民的转移性收入是农民工的 14.8 倍，2018 年这种差距缩小到 6.6倍，虽然农民工与城镇居民的转移性收入差距有了很大的缓解，但仍然对扩大收入差距有正向作用。在养老保险上，农民工与城镇居民的养老金收入差距更加明显，2013 年城镇居民的养老金收入是农民工的 16.3 倍，2018 年城镇居民养老金收入变为农民工的 7.9 倍，两者在养老金上的收入差距大于在转移性收入上的差距。在医疗保险上，与城镇职工医疗保险相比，城乡居民基本医疗保险报销标准和比例偏低。二是随着农民工就业形式的多样化，灵活就业人员数量不断增加，在安徽和河南的调研发现，很多农民工表示也想参加城镇职工保险，但更在意每月收入，不愿意拿出更多的收入用于缴纳社保，加上用工企业也并未给灵活就业的农民工缴纳社保，将来必然减少其转移性收入。三是社会保障的衔接问题。近年来农民工返乡就业创业增多，实地调研发现，很

---

① 数据来源：《高举中国特色社会主义伟大旗帜为全面建设社会主义现代化国家而团结奋斗——在中国共产党第二十次全国代表大会上的报告》。

多返乡农民工已经参加了返乡前打工地的城镇职工社会保险，但目前尚未出台城乡居民基本养老保险与城镇职工养老保险转移接续办法，导致实践操作中两个险种不能实现转移合并，影响了农民工的转移性收入（种聪和岳希明，2023）。

（5）**农民工内部收入不均衡，与城镇职工收入差距较大。**农民工内部收入差距拉大，与城镇职工收入差距明显。一方面，虽然国家统计局数据显示，2022 年农民工年收入达到 55 380 元，但农民工群体内部的收入差距仍然较大。利用 CHIP2013 和 CHIP2018 数据，测算农民工内部收入基尼系数。结果显示，农民工收入基尼系数从 2013 年的 0.36 提高到 2018 年的 0.39，农民工内部收入差距有拉大趋势。主要原因：随着县域经济发展、产业结构调整、老龄化加重等，不同受教育程度、不同年龄、不同行业、不同健康状况、不同就业地农民工的人力资本水平差距较大，使得农民工的收入差距逐渐扩大。另一方面，虽然农民工收入水平明显提高，但与城镇职工工资相比仍然存在较大差距。国家统计局数据显示，2012 年我国农民工月均收入为 2 290 元，城镇职工月均收入为 3 879 元；2021 年我国农民工月均收入为 4 432 元，而城镇职工月均收入为 8 903 元。2012—2021 年，城镇职工与农民工的月均绝对收入差距从 1 589 元扩大到 4 471 元，城镇职工与农民工的月均相对收入差距从 1.69 倍扩大到 2 倍多。

3.2　农业生产用工工价的变化

《全国农产品成本收益资料汇编》中劳动力投入包括家庭劳动用工和雇工，对应的劳动力价格是家庭劳动日工价和雇工日工价。家庭劳动日工价指的是每个劳动力从事农业生产劳动的理论报酬，以一个标准劳动日（8 小时）为单位，用于核算家庭劳动用工的机会成本。尽管家庭劳动日工价只是农业生产劳动理论意义上的报酬，但它仍然可以用于反映农业劳动力成本的变化（王美艳，2011）。雇工日工价指的是平均每个雇工劳动所获取的全部报酬，以一个标准劳动日（8 小时）为单位，反映的是市场化下的劳动力价格，农业若干部门的雇工日工价从 1998 年开始统计。

图 3-1 显示了 1998—2021 年我国花生生产用工日工价的变化情况。可以看出，我国花生生产雇工日工价增长趋势非常明显，从 1998 年的 20.78 元增

长到 2021 年的 113.50 元，二十年间增长了 4.5 倍，年均增长率约为 7.66%。劳动日工价和雇工日工价保持了基本一致的变化趋势，从 1998 年的 9.6 元增长到 2021 年的 92.9 元，增长了 8.7 倍，年均增长率约为 10.37%。可以看出，整个观察期内雇工日工价基本高于劳动日工价。可能的原因是，花生生产存在明显的季节性特征，投工存在农忙与农闲的显著区分，农忙时期会集中产生大量的劳动力需求，供求失衡会直接抬高雇工日工价，因此雇工日工价往往要高于家庭劳动日工价。

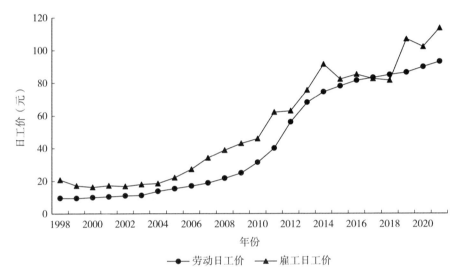

图 3-1 1998—2021 年花生生产用工日工价

数据来源：历年《全国农产品成本收益资料汇编》，按当年价格计算。

花生生产用工工价的增长趋势大致可分为两个阶段。观察初期，劳动日工价和雇工日工价均处于较低水平，分别在 10 元和 17 元上下小幅波动；2004年之后，劳动日工价和雇工日工价均呈现逐年高速增长态势。由此可见，2004年是我国劳动力价格由低水平向高水平转变的节点，这和"民工荒"暴发的时间相吻合，也与 Zhang 等（2011）的研究结论一致。

图 3-2 显示了 1998—2021 年我国稻谷、小麦、玉米、大豆和油菜籽的劳动力雇工日工价变动情况。可以看出，这五种作物雇工工价的上涨趋势明显。其中，稻谷生产的雇工日工价从 1998 年的 22.56 元增长到 2021 年的 158.39元，小麦生产的雇工日工价从 1998 年的 19.85 元增长到 2021 年的 108.86 元，

玉米生产的雇工日工价从 1998 年的 12.2 元增长到 2021 年的 125.63 元，大豆生产的雇工日工价从 1998 年的 22.4 元增长到 2021 年的 133 元，油菜籽生产的雇工日工价从 1998 年的 26.8 元增长到 2021 年的 125 元。

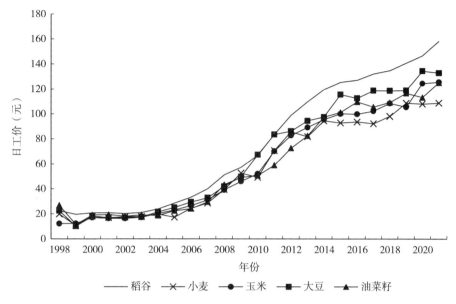

图 3 - 2　1998—2021 年不同农作物的雇工日工价

数据来源：历年《全国农产品成本收益资料汇编》，按当年价格计算。

表 3 - 4 给出了 2004—2021 年我国花生主产省（市）雇工日工价的变化情况。可以发现，花生主产省（市）的雇工工价均呈现出逐年增长态势，由此说明雇工工价上涨已是各省（市）花生生产面临的共同问题，而这也必然会对花生生产造成重要影响。不同花生主产省（市）的雇工工价之间存在明显的区域性差异，其中安徽、福建和重庆的雇工工价较高，排在各省前列，河北、辽宁、广西和四川的雇工工价次之，山东、河南和广东的雇工工价较低。农业雇工已经成为弥补家庭劳动力不足的主要方式。根据农业部 2017 年家庭农场监测数据，63.83% 的家庭农场监测样本拥有常年雇佣劳动力；在拥有常年雇佣劳动力的家庭农场中，平均每个家庭农场拥有 4.2 个常年雇佣劳动力。许多实证和理论研究也表明，劳动雇佣是解决当下农村青壮年劳动力外流与土地规模化经营对劳动力需求之间矛盾的有效手段，也是提高农业生产领域技术效率和资源配置效率的有效方式（王颜齐和郭翔宇，2018）。

表 3 - 4　2004—2021 年花生主产省（市）雇工日工价

单位：元

年份	河北	辽宁	安徽	福建	山东	河南	广东	广西	重庆	四川
2004	15.69	20.45	18.63	26.74	19.20	15.43	19.76	14.99	22.50	20.00
2005	18.18	21.43	24.64	32.01	18.00	12.86	21.00	20.00	25.31	14.00
2006	19.79	30.38	25.58	36.90	42.00	18.86	25.21	20.22	17.00	25.00
2007	30.59	33.02	43.67	34.52	38.14	28.57	41.93	32.83	40.69	25.00
2008	29.65	40.83	34.00	45.31	40.60	29.43	40.95	40.10	40.00	33.33
2009	33.59	54.12	38.76	57.94	40.15	30.33	59.14	41.04	54.43	40.20
2010	50.30	51.26	47.00	67.01	42.30	26.07	59.67	45.06	60.09	45.24
2011	52.27	70.56	53.22	77.02	50.33	40.08	57.57	58.67	72.93	50.78
2012	56.06	79.01	64.10	85.40	53.68	49.49	45.50	68.77	82.34	55.10
2013	52.02	99.15	79.81	88.56	73.20	54.78	70.51	61.57	86.91	61.15
2014	57.49	99.15	118.00	100.90	67.39	62.00	83.40	81.11	102.13	65.93
2015	65.08	96.60	90.88	85.75	76.54	70.87	96.60	89.16	95.93	67.27
2016	77.43	108.27	102.02	96.17	80.56	73.99	74.85	83.46	98.60	73.91
2017	78.84	100.66	113.16	101.94	88.39	77.11	53.10	77.75	101.26	80.54
2018	78.36	108.18	79.36	104.06	120.95	82.87	82.77	89.77	107.04	85.53
2019	80.22	82.70	90.56	140.88	94.34	85.39	114.03	141.50	112.82	89.52
2020	91.27	113.27	105.72	145.31	89.33	88.82	87.57	107.13	118.60	95.62
2021	100.32	106.39	182.88	141.82	98.50	95.29	76.88	109.43	124.38	102.20

数据来源：历年《全国农产品成本收益资料汇编》，按当年价格计算。2019—2021 年重庆缺失数据采用线性插值法补齐。

　　另外通过比较发现，农民工工资和花生生产雇工工价之间存在一定差异。一般来说，外出务工的时间周期较长，工资水平变动曲线较为平滑；农村内部雇工常常发生在农忙季节，农忙季节的生产周期较短且劳动密集，因此，从每日工资水平来看，农村内部雇工的工资水平往往高于外出打工的工资水平；但是从非农收入总额来看，外出打工收入总额往往大于农村内部雇工收入总额（杨进等，2016）。

3.3　本章小结

　　劳动力价格上涨俨然已成为劳动力市场中不争的事实，并给我国花生生产带来较为显著的影响。本章利用宏观数据，通过描述性统计分析方法对劳动力价格上涨这一特征化事实进行介绍，为后续章节的研究提供了一个关于劳动力价格上涨及其对花生生产影响的总体印象。主要得出以下研究结论：

（1）无论是农业劳动力外出务工工资，还是农村内部劳动力务农工资，均能反映出劳动力价格一直保持着高速增长趋势，尤其是 2004 年之后增速明显加快。比较发现，农民工工资和花生生产雇工工价之间存在一定差异。从每日工资水平来看，农村内部雇工的工资水平往往高于外出打工的工资水平；但是从非农收入总额来看，外出打工收入总额往往大于农村内部的雇工收入总额。

（2）通过观察农业劳动力外出务工工资数据发现，本地农民工月均收入增速快于外出农民工。分地区来看，各地区农民工名义月均收入都呈现较为明显的增长趋势。东部地区农民工收入增速快于其他地区，而中部地区和西部地区的农民工工资水平基本持平，东北地区的农民工工资水平略低于其他地区。分行业来看，农民工就业集中的六大主要行业月均收入持续增长。制造业农民工月均收入增速最快，而建筑业和交通运输仓储邮政业农民工月均收入水平较高。

（3）通过观察花生生产用工工价数据发现，劳动日工价和雇工日工价保持了基本一致的变化趋势，增长趋势均非常明显，并且雇工日工价往往高于家庭劳动日工价。花生主产省（市）的雇工工价均呈现出逐年增长态势，但是存在明显的区域性差异，其中安徽、福建和重庆的雇工工价较高，排在各省前列，河北、辽宁、广西和四川的雇工工价次之，山东、河南和广东的雇工工价较低。

4 | 花生产业现状分析

花生属豆科作物，又名"落花生"或"长生果"，是中国重要的经济作物和油料作物，是优质食用油和蛋白质的主要来源，具有经济效益高、用途广泛、抗逆性强等优势。花生浑身都是宝，如花生仁可以用来榨油、加工花生食品，花生秧是优质的饲草资源，花生壳可以用作栽培食用菌的基质。花生产业的蓬勃发展对于促进农业产业结构调整、提高我国城乡居民营养水平、增加农民收入等方面发挥了重要作用。FAOSTAT 数据显示，中国是世界花生生产第一大国，2020 年中国花生收获面积占世界花生收获面积的 14.6％，花生总产量占世界花生总产量的 33.6％，花生单产水平是世界花生平均单产的 2.3 倍。目前，世界上有 100 多个国家种植花生，亚洲最多，其次是非洲。亚洲、非洲、美洲的花生种植面积共占世界花生种植面积的 99.7％，欧洲和大洋洲仅零星种植，没有形成规模化生产。《"十四五"全国种植业发展规划》指出，"十四五"期间，轮作套作扩面积，集成技术攻单产，选用良种提品质；到2025 年，花生面积达到 7 500 万亩左右，产量达到 1 900 万吨以上。

本章结构安排如下：第一节，回顾花生产业的发展历程；第二节，从生产水平、用工数量和资本投入三个方面刻画花生生产的基本情况；第三节，介绍花生主产区的基本情况；第四节，对花生生产的成本收益进行分析；第五节，结合以上四个方面讨论，对本章内容进行小结。

4.1 花生产业的发展历程

4.1.1 花生在中国的传播与推广

准确把握我国花生产业的发展历程是本书的研究基点。在阅读地方志、实业志、民国期刊等文本材料的过程中，发现明清以来花生的发展趋势总体向上攀升，可将这个发展历程划分为三个阶段：缓慢推广时期（1631—1861 年），逐步扩展时期（1862—1911 年），快速发展时期（1912—1949 年）。从历时性维度来看，花生的引种推广历程呈现的是由点、线到面、专业区的多维进阶模式，与这一模式相关联的议题则是花生品种的更替、花生利益的凸显以及花生主产区的更迭（陈明，2022）。

花生传入中国的社会因素主要有三个方面（陈明，2022）。其一，花生顺应"早期全球化"潮流涌入中国，16、17 世纪太平洋东西两岸双向性的贸易交流，为中国引种花生创造了条件。其二，传统精耕细作提供了花生传入的技术保证，中国传统农业经过数千年的积累，到明清时期已进入精细化时期，形成了以育种、施肥、灌溉、耕作为核心的农业体系。其三，"风土观"的重新阐述扫清了引种的思想障碍，"风土论"是关于作物生长和环境条件关系的理论，中心思想是农作物只能在原生地生长，不能异地栽培。这一论点滥觞于战国，发展到元明时期，成为作物引种与传播的思想障碍。为突破限制，土人重新阐释了"风土论"。元代官修农书《农桑辑要》强调"谷之为品不一，风土各有所宜"，并非所有作物都不能异地引种。明代宿儒徐光启也反对"风土不宜论"。

4.1.2 新中国成立以来花生生产发展阶段

花生作为我国重要的油料作物，以及城乡居民生活中的重要食品，受到历届各级政府的重视。我国花生生产经历了曲折的发展阶段，根据花生生产在不同历史时期呈现出的不同特点，可将其发展历程大致分为：恢复生产阶段（1949—1956 年）、生产下滑阶段（1957—1961 年）、低水平增长阶段（1962—1978 年）、快速增长阶段（1979—2003 年）、生产调整阶段（2004—2007 年）、持续增长阶段（2008 年至今）六个阶段（万书波等，2012）。各阶段的发展特征如下：

（1）恢复生产阶段（1949—1956 年）。新中国成立之后，国家连续发布了两个有关油料作物生产的指示，要求各地区对油料作物的生产进行妥善安排，而且还采取了价格政策措施和生产奖励措施。同时，在花生产区增加榨油设备和开放农村土榨，尽量做到花生就地加工，减少运输困难，以解决农民吃油和用饼的需要。这些政策措施有力地调动了农民种植花生的积极性，全国花生生产迅速恢复，并出现了快速发展的好局面。1956 年，全国花生种植面积扩大到 $2\,581.70\times10^3$ 公顷，总产量 $3\,336.30\times10^3$ 吨，单产 $1\,292.22$ 公斤/公顷，分别比 1949 年增加 105.81％、163.07％和 27.81％。

（2）生产下滑阶段（1957—1961 年）。从 1957 年开始，尤其是 1959—1961 年，自然灾害严重，花生种植面积出现较大幅度的下降，花生产量大幅度下降，花生生产呈下滑趋势。主要原因：一方面是自然灾害造成的花生减产；另一方面是自然灾害导致粮食供应短缺，各地以生产粮食为首要任务，从而一定程度上对花生生产造成了间接影响。1961 年，全国花生播种面积 1 199.80×10³ 公顷，总产量 1 048.70×10³ 吨，单产 873.97 公斤/公顷，比 1956 年分别下降了 53.53％、68.57％和 32.37％。

（3）低水平增长阶段（1962—1978 年）。与 20 世纪 50 年代末生产急剧下滑相比，1962 年开始花生生产呈逐步恢复态势，但仍处于徘徊不前、低水平发展阶段。该阶段主要是受到"以粮为纲"指导思想的影响，且处于计划经济和集体经营时期，花生生产发展速度比较缓慢。1962—1978 年连续 17 年花生种植面积、总产量和单产水平始终低于 20 世纪 50 年代中期水平。但这一阶段，花生育种与栽培技术研究与推广工作得到了较快发展，在防治花生病虫害方面也获得了重大突破，为以后花生生产发展做好了技术储备。

（4）快速增长阶段（1979—2003 年）。1978 年以后，随着党的十一届三中全会召开，农村开始实行家庭联产承包责任制，花生的收购价格也逐渐提高，极大地调动了农民发展花生生产的积极性，花生播种面积、总产量和单产水平都有了较大幅度增长，这一阶段成为我国花生生产发展速度最快、持续时间最长的一段发展时期。尤其是 20 世纪 90 年代以来，增长速度明显加快，一方面是由于这一时期花生科学技术进步很快，对花生生产发展发挥了重要作用，一大批高产、稳产、适应性强的优良品种在生产上得到应用，花生新品种选育和推广速度进一步加快，地膜覆盖高产栽培技术、小麦花生两熟耕作制及花生田蛴螬、杂草防治技术等病虫害防治技术得到广泛应用，花生生产效率和综合生产能力有了很大幅度的提高；另一方面是因为我国实行了农产品价格政策改革，花生价格全面放开，由于花生的经济收益比粮食作物高，而且流通渠道也更加多元化，农民种植花生的积极性空前高涨。这一时期，花生种植面积、总产量和单产的年均增长率分别为 3.78％、6.71％和 2.82％。

（5）生产调整阶段（2004—2007 年）。2004 年在全国范围内实施的粮食补贴政策对花生生产造成了一定程度的负面影响，花生种植面积出现了较大幅度的下降，但由于花生单产水平仍在不断上升，因此花生总产量下降幅度较小。

此外，山东省、河南省等花生主产省出现冻害、涝灾等不利于花生生产的自然灾害，造成花生减产。花生种植面积从 2003 年的 5 056.80×10³ 公顷下降至 2007 年的 3 944.85×10³ 公顷，下降幅度为 21.99%；花生总产量从 2003 年的 13 419.60×10³ 吨下降至 2007 年的 13 027.20×10³ 吨，下降幅度为 2.92%；花生单产从 2003 年的 2 653.82 公斤/公顷提高至 2007 年的 3 302.40 公斤/公顷，上升幅度为 24.44%。

(6) 持续增长阶段（2008 年至今）。2008 年以来，随着城乡居民对花生及其加工制品的消费需求越来越高，花生生产的增长速度又开始加快。近年来，国家出台了很多相关政策推动花生产业发展壮大。一是国家种植业结构调整。2016 年发布的《全国种植业结构调整规划（2016—2020 年）》，明确提出适当调减西北风沙干旱区、北方农牧交错区、东北冷凉区春玉米，以及黄淮海地区低产田的夏玉米面积，重点稳定发展油菜和花生生产。以河南为例，2017 年玉米种植减少 200 多万亩，取而代之的是优质花生，播种面积达 2 056 万亩。花生种植的综合经济效益高，是农业结构调整的好选择，也是农民增收致富的重要途径。花生种植具有很高的经济价值，根据种植经验，花生种植成本约为 730 元/亩，毛收入约 2 600 元/亩，花生种植经济效益优势明显。特别是高油酸花生，亩产比普通花生高 15%～20%，种植户出售价格多 0.3～0.5 元/斤，每亩比普通花生增收 500～700 元。高油酸花生经济价值远超过普通花生，更高于其他油料作物，农民种植意愿强、积极性高。二是良种补贴政策。2010 年国家启动实施了花生良种补贴试点，《2010 年花生良种补贴项目实施指导意见的通知》将山东、河南、河北、辽宁、吉林、江苏、安徽、江西、湖北、广东、广西、四川共 12 个省（区）划入补贴范围。三是针对花生品种的农业种植补贴政策。中央财政持续安排产油大县奖励资金，用于扶持花生等油料作物生产、促进产业发展，助力提升油脂油料产能。实施耕地轮作补助政策，支持东北地区因地制宜推行薯类、杂粮杂豆、大豆与玉米、花生等轮作，适当扩大花生等油料作物生产。实施农业产业融合发展项目，2023 年支持创建以花生为主导产业的优势特色产业集群 1 个、国家现代农业产业园 2 个、农业产业强镇 1 个，支持延伸花生产业链条，加快全产业链发展。四是地方性支持措施。例如，2008 年河南启动"食用植物油生产倍增计划"，适当恢复或扩大油料作物种植面积，着力培育高油花生、油菜和芝麻等优势产业带，使河南跃升为全国第一花生生产大省。2016 年以来，河南省把发展优质花生作为农业供给侧结构性改革的一项工作重点，促进了河南省花生产业又好又快发展。五是科技支撑作用增强。信息技术、现代生物技术、机械化生产收获技术为花生科技进步做出了重要贡献，信息专家系统、优质高产专用新品种、高效栽培技术、机械化播种收获和初加工技术在我国花生生产实践中得到普遍应用。

4.1.3 花生产品的贸易概况

实际上，花生是我国为数不多的保持贸易顺差的农作物之一，也是我国最具国际竞争力的优质优势油料作物。目前我国花生的育种技术和种植水平在世界上处于先进水平，单产水平远远高于其他油料作物。我国花生出口贸易在世界花生贸易中占有重要地位，原料花生（带壳花生和去壳花生）是我国传统的出口农产品，具有悠久的国际贸易历史。值得一提的是，我国花生出口正在稳步发展。首先是出口结构的升级，在以原料出口为主的基础上，花生制品的出口量也在逐年上升。其次是花生出口的地域范围在逐渐延伸，不仅包含传统的东南亚地区，还逐渐拓展到欧美等发达国家。

花生是贸易量最大的荚果商品。除了花生果、花生仁等原料花生的贸易外，花生的主要加工产品，例如花生油、花生饼、花生食品（花生酱、烘焙花生、花生米罐头等），也在世界各地广泛交易。不同地区花生产业发展水平有差异，世界花生出口数量排名前十的国家有阿根廷、印度、美国、塞内加尔、巴西、荷兰、中国、缅甸、尼加拉瓜及坦桑尼亚。以美国和阿根廷花生产业为例，花生产量总体不高，但品质最优，产业化水平高。美国花生产业具备完善的技术体系，打造集农场化、规模化以及产业化为一体的经营模式，在国际市场上占据优势地位；阿根廷是世界高油酸花生供应链霸主，在国际贸易格局中占有一定地位，花生生产以农场规模化种植为主，技术上实现耕种管收全程机械化生产，实现花生高油酸化；印度花生以低廉的价格在国际花生出口贸易市场中占有一定优势，部分企业引用美国先进技术，但大多花生生产散户受到技术水平落后、花生选种不佳、病虫害等影响，导致印度总体花生出口竞争力不强；中国出口型花生中含有较高的亚油酸、蛋白质，以及具有大果型特点，极为适合出口，但总体竞争力不强。从花生进口区域看，欧盟是全球最大花生进口地区，左右全球花生贸易格局，对进口花生质量检测要求严苛；日本和韩国是花生传统消费市场，由于其国土面积有限、人口有限，花生依赖进口，且大多进口我国的花生，但我国花生出口日本和韩国受到美国、阿根廷花生出口的一定冲击。

我国（不含港澳台地区）出口花生总体可以分为未加工、深加工和提炼花生油所得的油渣饼及其他固体残渣三大类别。2017—2022 年的海关出口统计数据表明，深加工花生出口量占比最大，未加工、深加工和残渣三者年均在总出口中的数量占比分别为 31.26%、68.59% 和 0.15%，金额占比分别为 33.91%、74.65% 和 0.03%，见表 4-1。从发展趋势上来看，我国花生出口总量虽然在 2018 年达到阶段峰值，但总体呈现下滑趋势。2022 年的出口情况虽较 2021 年略有回升，但与 2017 年相比仍大幅下滑 26.30%。从价格走势上来看，平均出口价格在 2018 年大幅下滑 10.49%，但 2019 年起开始回升，2022 年较 2017 年增长 4.94%。从地区分布上看，亚洲占据我国花生出口近七成的市场份额，欧洲以两成次之，其他地区的规模均十分有限（张禹等，2023）。

表 4-1 2017—2022 年我国花生出口总体情况

单位：万吨，亿元

类别		2017 年		2018 年		2019 年		2020 年		2021 年		2022 年	
		数量	金额	数量	金额	数量	金额	数量	金额	数量	金额	数量	金额
未加工	种用花生	0.01	0.01	0.00	0.00	0.00	0.00	0.00	0.00	0.00	0.00	0.00	0.00
	未去壳花生	2.81	2.46	3.33	2.48	3.63	2.82	2.76	2.36	1.83	1.62	1.48	1.43
	去壳花生	12.05	12.81	16.53	15.94	15.51	15.39	10.39	11.79	8.61	9.80	8.09	9.44
	小计	14.87	15.28	19.86	18.43	19.14	18.21	13.15	14.15	10.43	11.42	9.57	10.86
深加工	初榨花生油	0.05	0.07	0.04	0.04	0.04	0.05	0.05	0.08	0.08	0.13	0.01	0.03
	其他油制品	0.08	1.35	0.98	1.33	0.94	1.24	1.18	1.76	0.93	1.54	1.06	1.75
	花生米罐头	0.24	0.24	0.24	0.24	0.24	0.24	0.25	0.28	0.21	0.23	0.24	0.27
	烘焙花生	27.73	36.05	24.38	28.62	21.41	26.15	16.99	23.50	16.89	22.39	19.00	24.98
	花生酱	2.35	3.92	2.39	3.85	2.41	4.01	2.54	4.75	2.60	4.66	2.39	4.26
	其他制品	7.33	10.93	7.16	10.11	7.21	10.19	6.94	10.82	6.84	10.24	6.84	10.24
	小计	38.49	52.55	35.19	44.19	32.24	41.89	27.95	41.19	27.55	39.19	29.55	41.54
残渣	油渣饼等	0.03	0.01	0.02	0.01	0.03	0.01	0.04	0.01	0.07	0.02	0.23	0.07
合计		53.39	67.84	55.07	62.63	51.41	60.11	41.14	55.36	38.06	50.63	39.35	52.47

数据来源：海关统计数据查询平台。

近年来贸易摩擦、地区冲突等突发事件时有出现，增加了国际供给的不稳定性，进一步放大了提升我国油料油脂供应链稳定性和产业链韧性的复杂性。全面分析我国花生及其各类制成品出口现状，对于保护国内花生产业健康发展，帮助相关企业在国内国际双循环中积极面对各种挑战、不断发展壮大具有积极意义。具体来看，2017—2022年我国花生分类出口情况如下。

（1）未加工类花生出口情况。我国未加工出口花生包括花生种、未去壳花生和去壳花生三大类，在花生及其各类制品出口总量中的占比分别为0.00%、5.69%和26.56%。出口地区以亚洲为主，在总出口量中年均占比57.93%，其次是欧洲，年均占比30.10%。

①花生种（海关商品编码12023000）。2017—2022年，我国花生种先后出口四大洲10个地区，年均19.68吨、金额30.36万元；出口量呈现逐年递减的态势，2022年仅为2017年的1.48%；但出口均价上涨趋势明显，2017—2022年呈平稳增长趋势，2020—2021年迅速上涨，2022年较2017年提高220.31%。就主要出口地区而言，菲律宾曾经是最大的进口地区，但2019年后不再进口。韩国虽是进口次数（年数）最多的地区，但进口量极不稳定，2022年降至98千克。荷兰和意大利虽然进口次数也相对较多，但规模十分有限。

②未去壳花生（海关商品编码12024100）。2017—2022年，我国除种用外的未去壳花生先后出口100多个地区，年均出口2.64万吨、金额2.20亿元。从地区分布看，欧盟由于进口量位居世界前列且90%用于食用（董文召等，2017；陈中玉等，2017），从而成为我国未去壳花生第一大海外市场，年均占比为65.54%，2017年更高达84.94%；其余依次为亚洲21.37%、美洲11.35%、非洲1.21%和大洋洲0.52%。从发展趋势上看，2022年出口量较2017年下滑47.44%。其中，欧洲市场下滑64.28%，美洲市场2022年较2018年高峰时下降90.43%，非洲市场2021和2022两年的进口量为零，总体规模很小的大洋洲市场基本保持稳定，只有亚洲市场在2022年触底反弹。就主要出口地区而言，西班牙长期稳居我国未去壳花生出口地区第一位，年平均7 952吨、占出口总量的30.12%；其次是墨西哥，年均2 309吨、占比8.75%；葡萄牙、英国和荷兰则分别以年均占比7.15%、6.29%和4.53%位列三至五位。区域全面经济伙伴关系协定（RCEP）生效后，东南亚各地区2022年的进口量均显著增长，成为带动亚洲市场反弹的主要动力。从价格走势上看，在经历2018年的短暂下滑后，出口均价持续走高，2022年较2017

年增长 10.22％。其中，对欧盟的出口均价总体高于全球平均水平。

③去壳花生（海关商品编码 12024200）。2017—2022 年，我国去壳花生（不论是否破碎）先后出口近百个地区，年均 11.86 万吨、金额 12.53 亿元。2022 年的出口均价较 2017 年增长 9.71％。从地区分布看，亚洲是我国去壳花生第一大海外市场，年均占比 66.06％，欧洲以年均占比 22.22％位列第二，美洲、非洲和大洋洲地区年均占比分别为 7.27％、4.12％和 0.33％。从发展趋势上看，受亚洲市场影响，我国去壳花生出口一度在 2018 年达到 16.49 万吨的阶段峰值，但之后受新冠疫情等复杂因素影响整体下滑。与各自高峰时相比，亚洲市场陡降 53.33％，非洲、欧洲、大洋洲和美洲分别下降 64.79％、63.28％、46.04％和 34.66％。

就主要进口地区而言，越南、日本和泰国居亚洲前三位，年均进口量分别为 2.01 万吨、1.40 万吨和 1.16 万吨；泰国近年下滑明显，2022 年只有高峰时的 23.47％；日本虽也曾大幅下滑，但 2022 年有所反弹。传统农产品贸易大国荷兰、英国和西班牙凭借发达的加工业，每年进口大量初级花生产品进行深加工，再出口至邻近欧盟各国（刘芳等，2019），因而在欧洲排名前三位，年均进口量分别为 0.95 万吨、0.42 万吨和 0.37 万吨，但整体呈下滑趋势，2022 年分别只有高峰时的 37.63％、64.05％和 29.03％。此外，加拿大年均进口 0.84 万吨，占美洲进口总量的 97.41％；利比亚年均进口 0.34 万吨，占非洲进口总量的 68.85％。

(2) 深加工类花生出口情况。2017—2022 年，我国深加工类花生制品年均出口 31.83 万吨，占花生出口总量的 68.59％；其中，初榨花生油、其他油制品、花生米罐头、烘焙花生、花生酱和未列名制作或保藏六大类花生制品分别占出口总量的 0.10％、2.11％、0.51％、45.40％、5.27％和 15.20％。

①初榨花生油（海关商品编码 15081000）。我国目前既是花生油净进口国，同时也是世界花生油主要出口国。2017—2022 年，我国初榨花生油先后出口 14 个地区，年均 456.70 吨、金额 4 053.98 万元、均价 14.79 元/千克。从地区分布看，亚洲是我国初榨花生油的最大海外市场，年均占比高达 95.23％，美洲、大洋洲和非洲分别仅占 4.07％、0.58％和 0.13％，欧洲的进口量则为零。从发展趋势上看，我国初榨花生油出口 2021 年之前整体呈上升趋势。2022 年 2 月爆发的俄乌冲突对世界食用油市场造成了严重冲击，我国初榨花生油出口量较 2017 年大幅减少 73.11％，但出口均价大幅增

长 83.56%。

就主要出口地区而言，马来西亚长期以来都是我国最大海外市场，2017 年其进口量在我国初榨花生油总出口量中的占比高达 99.83%，并在 2020 年达到 495.80 吨的阶段峰值。其次是中国香港，年平均占比 13.90%，2021 年达到阶段峰值 249.94 吨。其他包括加拿大、韩国和新加坡等 12 个地区均属偶尔进口，且年均合计仅为 37.48 吨。

②其他花生油及其分离品（海关商品编码 15089000）。2008 年后，我国花生油出口竞争力持续下降，直至 2016 年才有所回升。2017—2022 年，我国其他花生油及其分离品先后出口五大洲 42 个地区，年均 9 813.51 吨、金额 1.49 亿元。从地区分布看，亚洲 11 个地区合计占比 97.89%，美国和加拿大合计仅占比 1.76%，其余地区均因偶尔进口而可忽略不计。从发展趋势上看，出口量整体呈震荡上升态势，2022 年较 2017 年增加 32.92%，并在 2020 年达到其间峰值 11 802.42 吨。同期，出口均价在 2019 年下跌至 13.24 元/千克，2022 年回升至 16.47 元/千克，较 2017 年微跌 2.18%。就具体地区而言，中国香港地区以进口量年平均占比 82.59% 长期稳居我国其他花生油及其分离品出口市场的首位，排在第二至第四位的是马来西亚、中国澳门、美国和日本，仅分别年均占比 10.48%、3.20%、1.58% 和 1.42%。

③花生米罐头（海关商品编码 20081110）。2017—2022 年，我国花生米罐头年平均出口量 2 353.32 吨、金额 2 503.97 万元、均价 10.64 元/千克。从地区分布看，亚洲占据了高达 99.32% 的市场份额，排在第二至第四位的美洲、大洋洲和欧洲分别仅占 0.35%、0.31% 和 0.01%，非洲市场则为零。从发展趋势上看，在经历 2021 年的短暂下滑后，2022 年我国花生米罐头出口量较 2017 年微增 2.42%。

在全部 22 个进口地区中，马来西亚和新加坡分别以 46.70% 和 42.88% 的占比长期占据前两位，印尼和中国香港分别以 3.64% 和 3.56% 的占比位列第三、第四位，四者合计在我国花生米罐头出口总量中的占比高达 96.77%。其他地区进口量相对较大的是澳大利亚和加拿大，但占比均不足 0.5%。与 2017 年相比，2022 年中国香港进口量增幅高达 51.86%，印尼则减少 51.98%，马来西亚和新加坡变化不大。

④烘焙花生（海关商品编码 20081120）。烘焙花生可以按照种类分为大花生、小花生，按照加工方式又主要分为烘烤、包衣和油炸三大类，具体品类极

其繁多，在我国各类花生及制品出口中占比最大。2017—2022 年先后出口到100 多个国家和地区，年均出口 21.07 万吨、金额 26.95 亿元。从地区分布看，亚洲以年均占比 65.21% 居首位，欧洲以年均 21.17% 位居次席。其他地区规模都不大，美洲 7.33%、非洲 4.68%、大洋洲 1.60%。从发展趋势看，我国烘焙花生出口量整体呈下滑趋势，2021 年较 2017 年减少 39.07%。在其他地区持续单边下滑的情况下，亚洲市场在 2022 年触底反弹，较 2021 年增长12.45%，但仍较 2017 年下降 31.48%。从价格走势上看，烘焙花生出口均价波动剧烈。就主要出口地区而言，亚洲地区排在前五名的地区分别为印尼、菲律宾、韩国、泰国和伊朗，合计年均在我国当年烘焙花生出口总量中的占比为43.67%。其中，印尼、韩国和菲律宾进口量分别较 2017 年增长 67.19%、14.56% 和 2.87%，成为带动亚洲市场反弹的主要动力。欧洲地区排在前四名的地区分别是荷兰、西班牙、英国和俄罗斯，合计年均占比 15.78%。但受新冠疫情影响，2022 年西班牙和英国进口量分别较 2017 年下降 87.66% 和62.50%，荷兰和俄罗斯也分别下降了 33.78% 和 11.35%。阿尔及利亚一度是非洲地区的最大进口地区，2018 年在我国烘焙花生出口总量中占比 5.02%，但至 2022 年逐步降为零。加拿大、墨西哥和澳大利亚分别是美洲和大洋洲的主要进口地区，但 2022 年分别较 2017 年下降 61.70%、44.84% 和 66.39%。

⑤花生酱（海关商品编码 20081130）。1988 年我国开始花生酱出口贸易。2017—2022 年，我国花生酱先后出口到 60 多个地区，年均 2.45 万吨、金额4.24 亿元。从地区分布看，亚洲是我国花生酱最大的海外市场、年平均占比为 77.85%，大洋洲以 13.44% 的占比居次席，欧洲、美洲和非洲分别年平均只占 5.84%、2.67% 和 0.21%。从发展趋势上看，我国花生酱出口在 2021 年之前一直稳步增长，2022 年陡然回落至比 2017 年略高的水平。就主要出口地区而言，马来西亚、日本和菲律宾长期稳居我国花生酱出口地区的前三位，年均在总量中的占比分别为 16.80%、14.50% 和 12.62%；韩国、中国台湾、中国香港和新加坡分别以 7.68%、7.23%、6.25% 和 5.01% 的占比位列第四至第七位。此外，新西兰的进口量在我国花生酱出口总量中的占比曾在 2017 年达到 8.10%，但之后持续下滑，2022 年降至 1.79%；巴布亚新几内亚的进口量则在 2021 年骤然升至 5.16%，成为我国花生酱在大洋洲的重要中转站。

⑥未列名制作或保藏花生（海关商品编码 20081190）。2017—2022 年，我国采取经冷藏保鲜或其他特殊方式加工的花生，年均出口量 7.06 万吨、金额

10.42 亿元、均价 14.77 元/千克。先后出口 100 多个国家和地区,其中,排在首位的亚洲市场年均占比高达 87.07%,排在次席的欧洲市场年均占比仅为 8.03%,美洲、大洋洲和非洲年均仅分别占比 3.19%、1.29% 和 0.41%。从发展趋势上看,2022 年我国未列名制作或保藏花生出口较 2017 年下滑 6.67%,主要是由于亚洲市场下滑造成,因为无论是非洲市场下滑 32.18%,还是大洋洲、美洲和欧洲市场分别增长 32.87%、26.39% 和 25.39%,都因规模不大而对整体影响有限。就主要出口地区而言,日本以年均进口量在我国出口总量中占比 55.76% 位列全球之首,韩国以 15.39% 的比例尾随其后。值得注意的是,欧洲的荷兰以年均占比 4.61% 排在第四位,且呈逐年增长态势。

(3) 提炼花生油所得的油渣饼及其他固体残渣(海关商品编码 23050000)。提炼花生油所得的油渣饼及其他固体残渣在我国花生及制品总量中的占比仅为 0.15%;2017—2022 年仅出口到 5 个地区,年均 694.45 吨、金额 19.09 万元、均价 2.75 元/千克。从发展趋势上看,出口增速 2020 年起显著加快,2022 年出口量较 2017 年大幅增长 664.40%。就具体地区而言,中国香港进口量一直保持稳定,中国台湾在 2019 年后逐年大幅减少,2022 年降至 2017 年的 13.59%。韩国、日本和柬埔寨三个地区均只有 1 年进口记录。其中,柬埔寨在 2022 年突然进口 1 700.22 吨,其中缘由和后续发展都值得关注。

4.1.4 花生需求状况分析

中国是食用油料生产、消费和国际贸易大国,在全球占有十分重要的地位。食用油料作为食用植物油和植物蛋白等农产品以及畜牧业饲料蛋白的原料来源,在社会经济发展与保障人民生产生活的过程中发挥着重要作用。近年来,食用油料的稳定供给受到关注,2022 年中央 1 号文件提出"全力抓好粮食生产和重要农产品供给,大力实施大豆和油料产能提升工程"的具体要求。我国生产与消费的传统食用油料品种包括大豆、花生、油菜籽、棉籽、葵花籽、芝麻、亚麻籽和油茶籽等。

自 21 世纪初起,我国食用油料生产总体上保持稳步增长态势,随着人口快速增长及经济总量增加,国内食用油料生产难以满足人民日益增长的消费需求,我国食用油料进口总量不断加大,同时对进口来源国的进口依赖性也有所增强。加入 WTO 后,我国食用油料产品国际贸易呈现新趋势,进口总量不断攀升。近年来,国际贸易摩擦和新冠疫情等不确定因素对我国食用油料的生产、加工和进出口贸易造成了巨大影响，我国在食用油料稳定供给方面存在一定的风险与隐患。长期以来我国油料保持净进口格局。2003—2022 年，我国食用油料（含大豆）进口量从 2 098 万吨增至 9 612 万吨，其中 2021 年高达 1.02 亿吨。

不同油料品种净进口发展趋势差异较大。第一类为长期净进口产品（油菜籽、胡麻）。油菜籽长期呈现净进口格局，2014 年净进口量达到峰值，2018 年以来净进口规模逐渐缩小。胡麻净进口规模持续扩大，2022 年达 61.5 万吨。第二类为具有一定出口优势、在一段时期保持净出口的产品（芝麻、花生和葵花籽）。芝麻从 2003 年开始由净出口转为净进口，且净进口规模持续扩大，2022 年达 102.6 万吨，为国内产量的近 2.4 倍。葵花籽长期保持净出口格局，净出口规模总体趋于扩大，2022 年净出口 24.9 万吨。我国是全球花生总产量最高的国家，也是花生及其制品的主要消费大国，在全球花生进出口贸易中占据重要地位。花生是我国具有出口优势的油料产品，但是 2020 年开始从净出口转成净进口，且规模快速扩大，2022 年净进口 56.8 万吨。因此，保障花生稳产高产，以及其在国际贸易中的优势地位具有重要的理论价值与现实意义。

4.1.4.1 花生主要消费途径分析

花生是油、食兼用的高油脂高蛋白作物。目前我国花生市场消费呈现紧平衡状态，国内花生消费结构为：约有 47％的花生原料制取花生油，44％左右的花生原料作为食用食品的来源，出口占比仅有 3％左右，留种占比约为 4％，剩余部分为损耗量。随着我国国民经济的快速发展和居民消费水平的不断提高，我国花生消费总量逐年增加。压榨和食用消费量均有所上升，饲料消费量基本保持稳定。

我国花生食品加工业潜力巨大。国外特别是美国的花生总产量 70％以上用于食品加工，而欧盟各国的花生有 90％以上用于食用。随着国内居民食物营养保健意识的增强，我国花生食用和综合利用的比重加大。花生是 100 多种食品的重要原料，除可以用于榨油外，也是食品加工和轻工业的优质原料，通过粗加工可增值 0.5～10 倍，深加工则可增值 2～10 倍。花生也是优质食品的生产原料。油炸、五香、奶油花生米，花生酱，以及琥珀花生、花生酥、鱼皮花生等，都是人们喜爱的花生食品。花生食品是未来花生产业的发展方向。随着人们对营养健康食品需求的不断提升、对花生基础和应用研究的不断深入，花生食品种类将不断增加。此外，花生还具备药用和保健功效（张莉等，2022）。

4.1.4.2 消费市场及其对花生品种的要求

油用消费一直是我国花生的主要消费渠道，花生油也是我国居民（尤其是花生主产区和北京、天津等地居民）喜爱的传统食用油之一。近年来，随着生活水平的提高，国内食用油消费量呈现快速增长的趋势，在当前国内食用油供给不足、对外依存度日益提高的背景下，花生是我国为数不多的具有比较优势的优质油料作物，选育和推广高产高油的花生品种就成为今后花生生产的重要目标之一。在我国，高油酸花生是指脂肪酸组成中油酸含量超过73%的花生品种；高油酸花生油是指用高油酸花生制取，且油酸含量占脂肪酸总量73%以上的花生油（通常为73.0%～87.0%）。与普通花生油中油酸含量为35.0%～69.0%相比较，高油酸花生油油酸含量明显提高。

高油酸花生的育种起步于20世纪末，现已成为全球花生产业发展的新趋势、新亮点。经过20多年的努力，全球范围内已成功培育130多个高油酸花生品种，分别在美国、中国、阿根廷、巴西、澳大利亚等国家种植。到2017年底，我国已育成高油酸花生品种43个。随着高油酸花生品种的育成，高油酸花生的种植面积逐渐扩大。据有关资料介绍，截至2020年美国高油酸花生的种植面积约为20万公顷，占美国花生种植面积的30%，且种植面积在不断增加；阿根廷是世界上花生的主要出口国，高油酸花生的种植面积已占该国花生种植面积的80%以上；澳大利亚已经全面推广种植高油酸花生，实现商品化生产（王瑞元，2020）。我国在高油酸花生的研发和推广应用上走在世界前列，山东省花生研究所、河南省农业科学院、河北省农林科学院以及山东鲁花集团有限公司等科研院所和大型加工企业，在高油酸花生品种的选育和推广应用上，做出了突出贡献。截至2020年全国高油酸花生累计推广面积超过300万亩。我国高油酸花生的主产区为河南、河北、山东、辽宁、安徽等省，种植品种主要为花育系列、豫花系列、冀花系列、远杂系列、开农系列等。目前，我国高油酸花生生产主要以种子扩繁为主，少部分用于食用油和食品加工。

食用花生也是我国花生消费的主要渠道之一，且其消费比重呈现出增长的态势。随着人们生活水平的提高，花生的营养价值和保健功能逐渐被重视和开发，除了传统的花生食品以外，大量新产品如花生饮品、花生酱、花生糖果、花生组织蛋白、花生豆腐、花生芽菜等纷纷推向消费市场，花生加工利用的增长反过来促进了花生生产的发展，获取高蛋白加工标准的营养食品成为花生生产的又一重要方面。在出口方面，虽然与其他农产品相比，我国花生及其制品的国际贸易量并不大，但它却是我国传统的出口农产品。自加入 WTO 以来，中国的花生产品无论是出口数量还是出口金额均呈现增长态势，在国际花生出口份额中稳居第一位，花生产品成为中国为数不多的具有国际竞争力和比较优势的大宗出口创汇农产品之一。值得一提的是，我国花生出口结构正在向出口原料与制成品并重的方向转变，以花生为原料制作的食品出口量逐年上升，花生出口范围也逐渐拓宽，由传统的东南亚地区逐渐拓展到欧美等发达国家，由于各国对进口产品的品质标准规定较为严格，因此对花生及其制品的生产和相应加工标准也提出了更高的要求。

市场需求决定花生的生产方向。随着消费需求的增长和消费水平的提高，花生加工产业蓬勃发展起来，不同加工需求对花生品种的品质和标准也提出了相应的要求。其中，油用花生品种以籽仁脂肪含量高为佳，脂肪含量达到 55％以上的花生一般用来榨油，同时，不饱和脂肪酸含量越高营养价值越高。食用（包括鲜食）和食用加工花生以籽仁蛋白质含量和糖分含量高为佳，同时要求口味好、脂肪含量低以及油酸亚油酸值合理，通常要求蛋白质含量达 30％以上，含糖量达 6％以上。出口专用花生的品质以荚果和籽仁形状、果皮和种皮色泽、整齐度和油酸亚油酸值、口味为主要衡量指标，出口大花生和小花生有着不同的标准要求。同时，还要求无黄曲霉毒素污染，降低农药和激素残留。近年来，我国出口花生屡次被检出黄曲霉毒素超标，已成为我国花生出口限制的一个重要因素。由此可见，根据花生市场需求和加工标准来看，油用花生、食用花生和出口专用花生品种的品质和标准要求不同。在实际生产过程中，花生品种的选育、推广和布局也应充分依据市场需求和加工特点进行，将生产供给与市场需求进行有效对接，适时推广优质新品种，形成专用品种的区域化布局，对于保障花生农户的种植收益、增加花生加工企业的生产效益，推动花生生产从传统产量型向现代产量、质量和效益型并重的方向转变，以及发挥和增强花生主产区的比较优势均有重要意义。

我国花生油脂加工企业主要分布于山东、河南、河北、湖北、广东、广西。其中山东和河南两省的花生榨油产能占全国花生加工能力的 70％以上。主要的花生油脂加工企业包括山东鲁花、青岛长生、青岛嘉里、中粮艾地盟、费县中植等。近年来我国花生压榨行业集中度不断提高，鲁花、益海和中粮三大集团占全国花生压榨量的比重在 50％左右，其他规模企业压榨量占 30％～40％，小作坊占 10％～20％，中小型压榨企业集中在山东和河南地区。未来中小型花生压榨企业将逐步退出，或成为三大集团的原料供应商，行业集中度将继续提高。

4.1.5　花生价格特征及影响因素

花生作为完全商品作物之一，具有完全商品化的特征，价格也由市场供求关系决定。近年来，在复杂的市场环境中，花生价格波动频繁，并且这种价格波动风险呈现不断加大的趋势。2009 年至 2011 年，受部分地区花生种植面积下降和雨水天气影响，我国花生种植面积和产量增速缓慢，但花生消费需求却出现大幅增加。随着人们生活条件的不断改善，花生油作为一种优质烹调用油受到市场青睐，压榨需求快速增加，新增花生压榨产能也不断提升。在需求端拉动、经济通胀及花生贸易商炒作等因素的影响下，花生现货价格出现一波大幅上涨，涨幅接近一倍，远超出合理范围。2012 年，花生种植面积及产量稳中有升，种植成本尤其是人工成本大幅上升，但在消费端花生油作为高端油竞价存在劣势，市场份额下降，需求增速放缓。因此，2012 年花生价格继续在历史高位运行，但运行区间较 2011 年下移。2013 年，全球大豆、菜籽等油脂油料丰收，植物油整体供应充裕，国内豆油、棕榈油进一步挤占花生油市场，导致多数工厂严控收购标准且积极压价，而国外进口商也纷纷取消进口订单，使得国内花生出口遭遇"寒冬"，国际市场花生仁价格大跌。受此影响，国内花生仁价格出现 3 年来最大跌幅，年底较年初下跌近 35％。由于原料价格和相关联植物油品种价格下跌，国内花生油价格呈环比下降、弱势运行状态。同时，花生油与豆油之间的价差不断扩大，到年底创近 10 年来新高。国内花生油竞价存在劣势，需求增速放缓，市场份额下降，2013 年国内花生油压榨企业开工率下降。此外，花生油的节日集中消费特征弱化，节日行情持续越来越短，越来越弱。由于 2013 年花生收购价大跌，且在集中上市期企业多观望，限收或停收，花生种植收益明显下降，农民种植积极性受影响。受 2013 年种植收益下降影响，2014 年国内花生种植面积明显下降，同时受恶劣天气影响国内花生大幅减产。花生供应紧缺导致现货价格一路反弹，全年呈现逆势上扬行情。2015 年至 2017 年，随着花生栽培技术水平的提高、多产新品种的问世及下游花生消费逐渐趋于饱和，我国花生单产水平及产量不断提高，同时下游需求逐渐呈现出刚性特征，导致花生现货价格呈现下跌行情，花生油价格趋于稳定。

以 2018 年为例，国内花生现货价格走势大致分为 3 个阶段：

(1) 1 月至 4 月，花生价格震荡下跌。由于国内花生下游产品市场需求处于阶段性淡季，花生油厂出货受阻，入市采购原料积极性一般，贸易商随收随走，暂无意大量囤货，市场需求不旺，压制花生行情。在此期间，国内主产区农户惜售心理较重，即使部分农户有出货，但量也不大，导致市场整体上货量难以明显增加，这对花生市场构成利好支撑，令其价格缓慢下跌。

(2) 4 月至 9 月上旬，国内花生价格大致趋稳。由于国内花生油市场表现疲软，花生油厂出货受阻，影响其入市采购原料积极性，在此期间大多油厂严控标准，且停收拒收现象时有发生，同时这一时期气温不适宜储存产品，中间贸易商也是维持快进快出的策略，囤货意愿相对较低，市场需求疲软，压制花生市场行情。但另外，由于陈花生米多集中在贸易商手里，且花生好货不多，且夏天对商品米需求增多，商品米供应量局部偏紧，另 2018 年产新作花生种植面积缩减已成定局，均给花生米市场带来一定支撑，支撑其稳定运行。

(3) 9 月中旬至 11 月初，国内花生价格小幅上涨。由于当年种植面积减少，加上单产下降，产区农民惜售心理增强，且部分地区受降水天气影响，上货量不多，另中秋节以及十一黄金周前贸易商积极备货，给花生市场带来利好支撑。不过国内油厂多数并未入市采购，收购原料积极性一般，严控质量标准，采购商按需采购，暂无囤货意愿，市场需求一般，一定程度上抑制花生行情涨幅。

由此可见，花生现货价格波动性较大，存在一定的季节性周期。具体如下：

(a) 1 月临近春节，油料花生米和商品花生米等花生下游产品进入需求旺季，厂家节前备货积极性高涨，花生供需收紧，现货价格稳步上涨。(b) 2—6 月正值花生种植生长期，市场上花生供应量逐渐减少导致供给偏紧，同时春节过后花生下游产品市场需求逐渐转淡，花生油厂出货受阻导致入市采购原材料积极性一般，气温逐渐升高不利花生储存也导致中间贸易商维持快进快出原则，囤货意愿相对薄弱，市场需求疲软压制花生市场行情，花生现货价格稳中下跌。(c) 7—8 月正值花生青黄不接高峰期，市场花生供应紧张，同时夏天是商品花生米需求旺季，商品花生米供需格局偏紧支撑花生现货价格上行。

（d）9—12 月进入花生收获季节，新作花生集中上市导致供应压力较大，对冲中秋、国庆双节需求旺季的支撑效应，花生现货价格承压出现下跌行情。

总体来看，花生最高价和最低价出现规律不是特别明显，但仍存在一定周期性。最高价一般出现在 1 月或 7 月（9 年里有 4 次出现在 1 月，2 次出现在 7 月），最低价一般出现在 12 月至次年 1 月（9 年里有 2 次出现在 12 月，2 次出现在 1 月）。

作为受市场价格影响较大的完全商品作物之一，在面对价格波动频繁的局面时，花生种植户受到严重的冲击，其生产经营的不确定性日益增加。那么造成这种现象的原因又是什么？接下来，简要分析影响花生价格的主要因素。

（a）花生供应情况。我国是花生主要生产及出口国，因此国内花生供应受国内花生种植面积、单产、产量、品质优劣及天气影响。如旱涝导致花生减产将使花生供应紧张进而推升花生采购成本，花生品种及栽培技术的创新可使花生单产水平得到提升进而提高花生产量。（b）花生消费情况。我国花生需求主要受花生下游产品消费影响，如花生油和食品花生消费淡旺季、花生下游产品消费结构变化等。（c）相关商品价格。我国花生价格受种植替代品如玉米、大豆的种植效益影响，还受油料替代品、食用替代品的价格影响。作为食品，花生的替代品有玉米、杏仁、核桃等。作为油籽，花生的替代品有大豆、菜籽、棉籽、葵花籽等。这些替代品的产量、价格及消费的变化对花生价格也存在间接影响。（d）花生国际市场价格。我国是世界花生第一大生产国及主要出口国，国际花生价格的变化会直接影响我国花生的出口贸易，进而对国内花生价格产生影响。

传统农业保险可以为农民弥补自然灾害造成的损失，但是，农民该如何应对市场价格频繁波动的风险？中央财政保险奖补试点及相关政策中将"保险＋期货"明确作为重点支持的保险产品。2022 年 9 月，郑商所联合河南省财政厅共同开展花生"保险＋期货"试点，为兰考县、桐柏县、正阳县、宜阳县、内乡县、邓州市、开封市祥符区等 7 个县区的 48 万亩、10.58 万吨花生提供了花生价格下跌的风险保障。参保农户 35 831 户，包括 9 个农民专业合作社、5 个家庭农场以及 1 个花生企业。农户缴纳约 10％保费，郑商所在预算范围内给予补贴后，其余保费资金按照省财政 60％、市财政 15％、县财政 25％的比例由各主体共同负担。保险到期每亩赔付 12.7 元，预计理赔金额 611.13 万元。项目帮助农户转移价格风险，降低了花生价格波动对农户收入的影响，同时也缓解了农民过去"收成靠天吃饭、丰年卖不出价"的焦虑,种植花生的积极性回升。下一步,郑商所将以"保险＋期货"为重点,与银行、保险等金融主体深度合作,持续探索构建"期货＋"综合服务体系,不断提升农业经营水平,把小农户引入现代农业发展大格局,撑起乡村产业"保护伞"。

4.2 花生生产及要素投入

4.2.1 产量、播种面积和单产的变动分析

图 4-1 显示了 1978—2022 年中国花生生产的基本情况,包括产量、播种面积和单产的变化。改革开放以来,我国花生生产总体上呈现增长态势,播种面积、产量和单产水平均呈现波浪形增长趋势。其中,花生播种面积从 1978 年的 1 768×10³ 公顷增加到 2022 年的 4 684×10³ 公顷,花生产量从 1978 年的 237.7 万吨增加到 2022 年的 1 832.9 万吨,花生单产从 1978 年的 1 350 公斤/公顷增加到 2022 年的 3 913 公斤/公顷,整体说明我国花生综合生产能力稳步提升。花生是我国重要的油料作物和经济作物,大力发展花生产业对于保障我国食用油供给安全、农业经济高质量发展和实现乡村振兴具有重要意义。

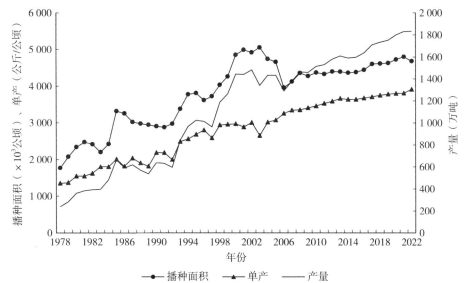

图 4-1 1978—2022 年中国花生生产的基本情况

数据来源:历年《中国统计年鉴》。

全国花生种植面积扩大主要得益于河南、吉林等地区以花生替代玉米、花生替代棉花的种植结构调整，湖北、四川等传统产区花生种植面积也保持稳中有升的趋势；一些地区由于自然、经济和社会等方面的原因，种植规模有一定缩减，但就全国而言种植面积稳中有升。

4.2.2 用工数量的变动及趋势

劳动力价格上涨在一定程度上减少了劳动力的需求，势必会影响花生生产中的潜在劳动供给。《全国农产品成本收益资料汇编》中的用工数量可以作为反映花生生产中劳动力投入的指标，用工数量使用"标准劳动日"作为计量单位，一个标准劳动日指的是一个中等劳动力正常劳动8小时。按劳动性质分别进行折算，可以得到家庭用工天数和雇工天数两个指标数值。

表4-2显示了我国花生生产的劳动力投入情况。总体来说，花生生产单位面积的劳动力投入数量呈现逐年减少趋势，用工数量从2008年的10.69日/亩减少到2021年的7.55日/亩。其中，家庭用工天数呈现持续下降态势，从2008年的10.56日/亩减少到2021年的7.51日/亩，而雇工天数在波动起伏中趋于减少，从2008年的0.13日/亩减少到2021年的0.04日/亩。现阶段花生生产主要还是依赖农户家庭自有劳动力，家庭用工占劳动力总投入的九成以上。对于大多数花生种植户来说，当自家劳动力短缺时，才会考虑采取雇工、帮工或换工等方式来弥补。除此之外，不同种植环节对劳动力的需求不同，所以不同种植环节的投工量也存在很大差异。收获环节对劳动力投入的要求较为复杂，劳动强度大且技术含量高，是花生生产中最主要的用工环节，其用工量占生产全过程的1/3以上，相应的作业成本占整个生产成本的50%以上（陈中玉等，2017）。

表4-2 花生生产的劳动力投入

单位：日/亩

年份	用工数量	家庭用工天数	雇工天数
2008	10.69	10.56	0.13
2009	10.18	10.05	0.13
2010	10.15	10.01	0.14
2011	9.91	9.79	0.13

（续）

年份	用工数量	家庭用工天数	雇工天数
2012	9.50	9.26	0.24
2013	9.48	9.36	0.12
2014	9.09	8.99	0.11
2015	8.89	8.74	0.15
2016	8.53	8.33	0.20
2017	8.35	8.20	0.15
2018	8.15	8.07	0.08
2019	7.69	7.55	0.14
2020	7.62	7.54	0.08
2021	7.55	7.51	0.04

数据来源：历年《全国农产品成本收益资料汇编》。

　　表4-3显示了我国三大主粮生产的劳动力投入情况。2008—2021年，稻谷的用工数量从9.06日/亩减少到4.65日/亩，小麦的用工数量从6.1日/亩减少到3.56日/亩，玉米的用工数量从7.9日/亩减少到4.76日/亩。对比发现，虽然花生生产劳动力投入数量呈现逐年减少的趋势，但是依旧明显多于三大主粮，并且花生生产劳动力投入数量的减少速度明显慢于稻谷和玉米生产劳动力投入数量的减少速度。由此说明，我国花生生产仍然对劳动力的依赖较大，属于典型的劳动密集型农作物。

表4-3　三大主粮生产的劳动力投入

单位：日/亩

年份	稻谷	小麦	玉米
2008	9.06	6.10	7.90
2009	8.35	5.81	7.50
2010	7.82	5.64	7.33
2011	7.60	5.58	7.18
2012	7.20	5.16	6.95
2013	6.87	5.03	6.60
2014	6.43	4.87	6.30

（续）

年份	稻谷	小麦	玉米
2015	6.23	4.65	5.95
2016	5.81	4.54	5.57
2017	5.51	4.34	5.26
2018	5.27	4.11	5.05
2019	5.13	3.92	4.87
2020	4.87	3.70	4.77
2021	4.65	3.56	4.76

数据来源：历年《全国农产品成本收益资料汇编》。

表4－4给出了2008—2021年我国花生主产省（市）劳动力投入的变化情况。可以发现，绝大多数省（市）劳动力投入呈现逐年减少趋势。具体到各个省（市），辽宁、安徽、河南花生生产的劳动力投入减少较快，河北、山东、广东、广西和重庆次之，福建和四川花生生产的劳动力投入减少较慢。可能的原因是，福建省花生有70％分布在土质黏重、肥力瘠薄、缺水、缺肥、抗灾能力弱的旱坡地上，当地旱灾、台风等自然灾害发生频繁，且花生种植田块面积小，不利于机械化生产。四川省地势复杂多样，具有西高东低的特点，丘陵山区占84.5％，地形复杂，耕地分布零碎，坡多台多埂多，形状不规则，大部分种植户尚未实现机械化。由于地区间的资源禀赋、技术条件以及经济水平等方面存在差异，各花生区的花生生产存在着不同的优势与劣势。造成地区间差异的原因是不尽相同的，在合理规划花生生产时必须根据各地花生生产的优势进行综合考量。

表4－4　2008—2021年花生主产省（市）的劳动力投入

单位：日/亩

年份	河北	辽宁	安徽	福建	山东	河南	广东	广西	重庆	四川
2008	10.75	7.28	11.78	14.69	10.97	9.37	11.32	12.89	15.58	10.90
2009	10.36	6.94	11.72	11.94	10.56	8.41	10.02	11.37	15.78	13.77
2010	10.37	7.56	10.84	13.93	10.63	8.49	10.60	11.18	15.00	12.47
2011	10.29	6.84	10.40	13.45	10.89	7.76	10.73	10.95	14.93	13.08
2012	10.60	6.93	10.15	12.46	10.41	7.47	10.21	10.79	14.64	11.76

（续）

年份	河北	辽宁	安徽	福建	山东	河南	广东	广西	重庆	四川
2013	10.62	6.61	9.43	16.56	10.66	7.23	10.06	10.94	14.23	11.53
2014	10.46	5.04	8.40	12.17	10.46	7.48	10.38	10.69	12.93	10.67
2015	10.08	5.03	8.37	15.43	10.27	6.81	9.78	10.47	12.67	10.94
2016	10.09	4.01	6.96	13.22	9.95	6.76	9.38	10.50	12.22	10.58
2017	9.86	3.63	6.38	14.51	9.56	6.86	8.62	10.30	11.10	10.65
2018	9.38	3.56	5.25	13.49	9.47	6.61	9.20	10.19	10.61	10.61
2019	9.18	4.22	5.10	12.97	8.65	6.03	8.79	9.92	10.12	10.81
2020	8.79	4.07	4.62	13.10	9.05	5.94	8.61	10.01	9.63	10.82
2021	7.81	3.81	4.73	13.65	8.87	5.94	9.08	9.96	9.14	10.86

数据来源：历年《全国农产品成本收益资料汇编》。2019—2021 年重庆缺失数据采用线性插值法补齐。

4.2.3 资本投入的变动及趋势

资本投入重点关注的是机械、化肥、种子、农药和农膜。图 4-2 给出了花生生产的机械和化肥投入情况。观察期内，我国花生生产单位面积的机械作业费呈现快速增长趋势，从 1998 年的 4.8 元/亩上涨到 2021 年的 103.86 元/亩，增长了约 20 倍；同期花生生产单位面积的化肥用量也呈现逐年增长趋势，从 1998 年的 11.05 公斤/亩增加到 2021 年的 21.88 公斤/亩，相应的肥料费从 1998 年的 53.68 元/亩上涨到 2021 年的 162.84 元/亩。从增长趋势来看，花生生产的机械和化肥投入变化呈现明显的阶段性特征。具体来说，1998—2003 年，单位面积上机械作业费、化肥用量和肥料费的增长并不明显，处于低水平徘徊阶段；2004 年以后增长速度明显加快，进入快速增长阶段，这个阶段恰好也是劳动力价格快速上涨时期。花生生产中的劳动力投入大幅度下降，而机械和化肥投入则快速增加，机械（化肥）与劳动投入比大幅上升，说明花生种植越来越倾向于劳动节约的生产方式。

图 4-3 给出了花生生产中雇工工价与机械作业费用、雇工工价与化肥用量的散点图和拟合线。可以看出，雇工工价与机械作业费用之间存在显著的正向关系，即随着劳动力价格上涨，单位面积上农业机械支出也增加。雇工工价与化肥用量之间同样存在显著的正向关系，即劳动力价格越高，单位面积上化

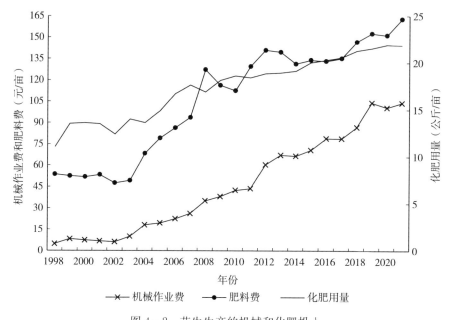

图 4-2　花生生产的机械和化肥投入

数据来源：历年《全国农产品成本收益资料汇编》，按当年价格计算。

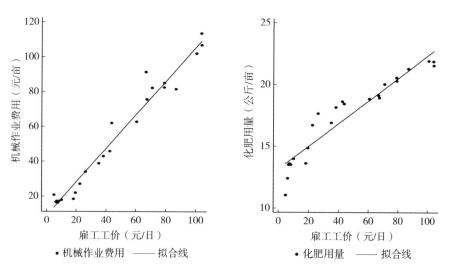

图 4-3　雇工工价与机械作业费用、化肥用量的关系

数据来源：历年《全国农产品成本收益资料汇编》，按当年价格计算。

肥用量往往也越多。由此说明，劳动力价格上涨，能够显著促进农户对机械和化肥的需求，表现为花生生产中机械支出和化肥用量的提高，侧面印证了劳动力价格上涨使得花生生产投入结构发生明显变化，即农民更多选择增加机械、化肥等资本投入。

表4-5给出了2008—2021年我国花生主产省（市）机械投入的省际变化情况。可以看出，各主产省（市）花生生产机械投入均呈现递增趋势。农业机械化生产业已成为解决农业劳动力短缺的最佳道路，其在提高粮食产量、保障国家粮食安全中的作用越来越明显。1978—2021年，中国农村劳动力流失2.9亿人，同期农业机械总动力增加9.4倍①。农业机械对农业劳动力的有效替代，推动中国传统的农业生产方式发生明显变化。有研究表明，中国农作物耕种收综合机械化率每提高1个百分点，可带动0.22%的农业劳动力转移，农业机械化与农村劳动力转移具有高度的内在一致性（周振等，2016）。然而，中国花生种植区域广泛，区域间甚至同一产区内部气候、地形地貌和土质条件都不同，耕作制度和花生耕种方式等存在显著差异。同时，花生生产经营规模不同也导致花生种植规模和地块存在较大差异。显著的花生生产地域性差异最终导致不同区域乃至同一区域内适宜的花生机械化作业方式、花生机械类型与规格等存在不同，从而使花生机械技术内容增多、难度加大。

表4-5 2008—2021年花生主产省（市）的机械投入

单位：元/亩

年份	河北	辽宁	安徽	福建	山东	河南	广东	广西	重庆	四川
2008	37.05	42.53	41.24	10.87	57.87	30.67	27.33	13.47	11.03	4.40
2009	33.59	40.55	37.51	30.31	63.22	35.51	36.84	10.15	11.69	5.26
2010	46.53	43.06	38.64	17.28	64.68	37.19	53.90	26.40	12.35	6.12
2011	50.30	50.70	41.23	32.51	70.19	33.02	48.13	32.51	13.01	6.98
2012	72.38	57.39	54.72	34.67	75.91	63.10	79.17	47.41	13.67	7.84
2013	73.56	75.20	52.24	30.22	82.68	69.68	91.97	63.79	14.33	8.70
2014	79.69	65.03	43.87	22.67	91.58	60.26	98.99	70.38	9.96	9.56
2015	77.89	66.20	44.52	15.60	94.03	72.30	97.91	80.59	15.65	10.41

---

① 数据来源：《2021年中国农村统计年鉴》。

（续）

年份	河北	辽宁	安徽	福建	山东	河南	广东	广西	重庆	四川
2016	95.40	76.70	94.34	34.26	96.73	74.17	99.60	88.19	14.20	11.27
2017	98.66	79.44	63.76	18.37	94.62	76.17	99.76	89.16	16.97	28.58
2018	103.19	106.83	69.56	41.87	100.44	82.92	101.03	96.64	23.37	43.65
2019	101.13	114.06	85.73	38.36	120.99	96.66	127.32	110.79	29.77	41.20
2020	104.49	114.46	89.31	30.29	114.52	102.01	115.89	119.62	36.17	39.91
2021	107.88	152.30	100.11	41.08	116.92	99.40	106.14	143.31	42.57	43.55

数据来源：历年《全国农产品成本收益资料汇编》。重庆 2008—2013 年和 2019—2021 年缺失数据采用线性插值法补齐，四川 2009—2015 年缺失数据采用线性插值法补齐。

表 4-6 给出了 2008—2021 年我国花生主产省（市）化肥投入的省际变化情况。总体来看，绝大多数省（市）化肥投入呈现增加趋势。具体到各个省，河北花生生产化肥投入呈现阶段性变化，2008—2014 年呈递增趋势，2015—2021 年呈递减趋势；辽宁花生生产化肥投入呈现波动递增趋势；安徽花生生产化肥投入也呈现波动递增趋势，增长幅度比辽宁大；福建花生生产化肥投入趋势与河北类似，呈现阶段性变化，2008—2014 年呈递增趋势，2015—2021 年呈递减趋势；山东和河南花生生产化肥投入趋势类似，呈现逐步递增趋势；广东花生生产化肥投入呈现波动递减趋势；广西花生生产化肥投入也呈现波动递增趋势；重庆花生生产化肥投入也呈现波动变化；四川花生生产化肥投入呈现波动递增趋势。受新冠疫情和国际形势影响，化肥出厂价格和运输成本明显提高，花生化肥成本投入相应增加。

表 4-6 2008—2021 年花生主产省（市）的化肥投入

单位：公斤/亩

年份	河北	辽宁	安徽	福建	山东	河南	广东	广西	重庆	四川
2008	13.81	14.89	14.09	13.77	22.88	15.32	17.75	16.40	6.49	13.96
2009	17.07	17.31	14.34	15.75	23.44	17.02	18.63	14.37	4.69	14.85
2010	17.77	18.29	15.24	16.19	24.05	18.40	16.75	15.57	5.33	13.66
2011	17.90	15.93	15.53	20.38	23.94	17.08	18.70	14.28	4.79	16.05
2012	18.19	15.17	18.17	17.41	24.89	18.48	15.95	16.08	5.11	16.56
2013	18.31	16.69	16.59	17.98	25.11	18.64	15.98	17.50	6.28	14.90

（续）

年份	河北	辽宁	安徽	福建	山东	河南	广东	广西	重庆	四川
2014	19.24	15.03	17.45	17.08	26.25	19.07	15.42	17.98	6.64	13.92
2015	18.79	15.11	13.30	13.65	26.70	22.48	16.17	20.33	8.98	13.48
2016	18.59	15.54	20.63	13.63	26.81	21.42	16.88	20.95	8.27	13.98
2017	19.32	17.25	19.25	14.74	25.11	23.04	15.99	23.43	5.56	13.32
2018	18.67	19.07	20.91	12.36	26.50	23.58	15.56	24.96	7.53	13.97
2019	18.35	19.90	23.45	12.41	25.64	23.45	17.00	22.45	9.50	13.67
2020	18.55	20.86	23.51	13.36	28.08	25.14	16.32	23.17	6.79	14.16
2021	18.74	21.56	23.77	14.05	28.32	25.31	16.77	23.32	6.08	15.22

数据来源：历年《全国农产品成本收益资料汇编》。2019—2021年重庆缺失数据采用线性插值法补齐。

表4-7给出了花生生产的种子、农药和农膜投入情况。观察期内，我国花生生产单位面积的农药费呈现快速增长趋势，种子用量较为稳定，一直维持在15公斤/亩左右，农膜用量也较为稳定，一直维持在0.7公斤/亩左右。品质已成为影响我国花生产品国际竞争力的主要因素。专用品种较少、品种更新滞后、品质性状差异不突出等是当前制约我国花生生产发展的主要问题，也是花生专业化生产不及玉米、小麦等作物的原因之一。油酸通过代谢生成亚油酸，由于其分子结构中比亚油酸少一个烯键，所以不易被氧化产生哈味，因此油酸含量高的花生制品（花生油、炒花生果、炒花生米等）抗氧化能力强、货架期长，同时，高油酸花生油具有烹调时间短、可减少人吸收油烟的优点，降低有害物质的产生。因此，提高花生品种中的油酸含量成为花生品种选育的一个重要研究方向。

我国现已逐步形成了较为完整的农药工业体系，并发展成为全球最大的农药生产国和出口国。全球市场约有70%的农药原药在中国生产。据国家统计局统计，2022年我国农药产量249.7万吨（折百），对外出口240万吨（实物量），同比增长30%，对外出口比例高达85%，贸易总额约为220亿美元，同比增长30%以上。农药在有效防控病虫等生物灾害、保障粮食安全等方面不可替代。据联合国粮农组织测算，使用农药平均每年可挽回30%～40%的粮食损失。农药是保障粮食安全的战略性物资，但农药的不合理使用造成了农产品质量安全和生态环境安全等重大问题。绿色农药是根据绿色化学理念，采用环境友好的绿色原料生产开发的更安全的农药。近年来，我国在绿色农药领域的研究实现了多个突破，极大提高了我国绿色农药原始创新能力，促进了我国农药产业的可持续发展。

农膜是花生种植过程中重要的生产材料，也是确保花生能够健康良好生长的重要物资。覆盖农膜能够有效地为花生提供良好的生长环境，农膜具有良好的保护效果，能够保留土壤温度，提升低温，保水抗旱，避免农作物受到霜冻的影响，还能促进农作物光合作用，对农业增产增效作用明显，在生产中应用广泛。值得注意的是，随着农膜的大量使用以及长期以来的重使用轻回收，残留于农田的农膜逐年增多，降低了耕作层土壤的透气性，妨碍了作物对养分和水分的吸收，影响了机械作业质量，造成"白色污染"。

表 4-7　花生生产的种子、农药和农膜投入

年份	种子（公斤/亩）	农药（元/亩）	农膜（公斤/亩）
2008	15.61	18.05	0.84
2009	13.73	20.62	0.75
2010	14.44	21.82	0.74
2011	14.61	29.34	0.79
2012	14.54	33.12	0.77
2013	15.34	34.09	0.73
2014	14.67	32.57	0.73
2015	15.12	33.60	0.71
2016	15.18	35.78	0.78
2017	15.46	39.06	0.79
2018	15.22	41.30	0.74
2019	15.29	44.41	0.67
2020	15.54	47.34	0.68
2021	14.93	49.14	0.70

数据来源：历年《全国农产品成本收益资料汇编》。

4.3　花生主产区的基本情况

花生作为一种喜温、耐旱、耐瘠的农作物，对生长环境要求较低，在全国

范围内被广泛种植。根据对自然条件、种植品种、栽培方法、耕作制度等的全面考虑，将我国划分为四大花生主产区①，分别是黄淮海产区、长江流域产区、华南产区和东北产区（周曙东等，2018）。图 4-4 显示了四大花生主产区花生种植面积和总产量的变化情况。

黄淮海产区的花生种植面积从 1998 年的 2 061.6×10³ 公顷增长到 2022 年的 2 132.1×10³ 公顷，产量从 1998 年的 711.4 万吨增长到 2022 年的 978.9 万吨。该产区种植面积最大、产量最高，是全国最大的花生主产区，无论是气候条件还是土壤环境都比较适合花生生长，是传统的花生产区，具有花生生产的天然优势。种植花生的土壤以河流冲积的沙土和丘陵砂砾土为主，栽培制度多为两年三熟、少部分一年一熟，种植品种以普通形、茸形和葫芦形为主。

长江流域产区的生产水平次之，花生种植面积从 1998 年的 948.2×10³ 公顷增长到 2022 年的 1 075×10³ 公顷，产量从 1998 年的 266.2 万吨增长到 2022 年的 361.5 万吨。该区域生产较慢的主要原因：一是工业发展水平较高，农业发展相对较慢；二是花生生产中机械和化肥等物质投入较少。该产区春、夏花生交作，种植花生的土壤多为酸性土壤、黄壤、紫色土、砂土和砂砾土，种植品种以斧头形为主。栽培制度复杂多样，丘陵地和冲积砂土多为一年一熟和二年三熟制，以春花生为主；南部地区及肥沃地基本是二年三熟和一年二熟制，以套种或夏直播花生为主。

华南产区的花生种植面积从 1998 年的 662.5×10³ 公顷减少到 2022 年的 645.7×10³ 公顷，产量从 1998 年的 143 万吨增长到 2022 年的 210 万吨。该产区是我国最早种植花生，且能春、秋两作的产区，由于地形地貌的限制无法扩大种植，花生生产水平较为稳定。该产区高温多雨，水资源丰富，以一年两熟、一年三熟和两年五熟的春、秋花生为主，有水旱轮作、旱地轮作、间种、套种等多种栽培形式，种植品种以茸形或葫芦形的珍珠豆型为主。

东北产区的花生种植面积从 1998 年的 118.6×10³ 公顷增长到 2022 年的 522.4×10³ 公顷，产量从 1998 年的 24.3 万吨增长到 2022 年的 191.9 万吨，花生生产水平增长势头最强劲。由于近年来玉米价格下跌和种植结构调整，吉

---

① 黄淮海花生主产区包含山东、河南、河北和北京，长江流域花生主产区包含江苏、江西、安徽、四川、湖北和湖南，华南花生主产区包含广东、广西和福建，东北花生主产区包含辽宁和吉林。

林、辽宁等传统的玉米主产区开始改种花生，东北地区花生种植面积及产量增长迅速，尤其是黄曲霉含量低的优良品种发展较快。推广高产品种和栽培技术，提高花生的单产水平，是该产区种植规模扩大的重要因素。该产区是以春花生为主的早熟花生区，部分麦田套作或与马铃薯轮作，栽培制度主要是一年一熟，种植品种以串珠形和普通形为主。

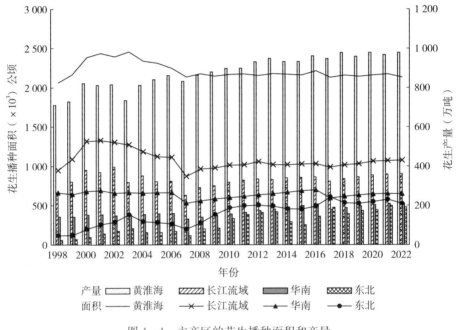

图 4-4　主产区的花生播种面积和产量

数据来源：根据历年《中国统计年鉴》相关数据整理得出。

花生各主产区的自然条件、社会经济条件、技术水平均有所不同，导致各主产区花生种植面积变化差异较大。接下来，以花生与替代作物净收益比值、非农就业机会、旱灾面积和灌溉面积为例，阐释我国黄淮海、长江流域、华南和东北四大花生主产区花生种植面积变化的差异化原因（周曙东和孟桓宽，2017）。①四大主产区花生与替代作物净收益比值对花生种植面积均有显著正影响。对于黄淮海产区来说，主要原因是作为我国最大的花生主产区，户均花生种植面积较大，农户对收益更加敏感；东北产区的主要原因是，东北产区地势平坦，且花生主要替代作物为旱作，种植替代较为方便；长江流域产区的主要原因是，长江流域产区花生主要替代作物为旱作，种植替代也较方便；华南产区的主要原因是，种植花生的主要用途是自家榨油，而非销售。②在黄淮海、长江流域和华南产区，非农就业机会对花生种植面积有负向影响。黄淮海和华南产区的主要原因是，黄淮海和华南地区靠近中国长江和珠江三角洲地区，经济较发达，农户花生种植机会成本较高；长江流域产区的主要原因是，该产区包含省份之间的经济发展水平差异较大。东北产区非农就业机会对花生种植面积未产生显著影响的主要原因是，该产区经济发展水平较低且户均农业种植面积较大，农业收入在农户总收入中的占比高于其他产区。③旱灾面积仅对东北产区花生种植面积有正向影响。主要原因是东北产区有大量沙坡地，蓄水能力差，该产区花生主要替代作物玉米在干旱情况下会出现大幅度减产，对花生的减产影响较小，所以旱灾会让该产区原本种植玉米的土地大面积改种花生。④灌溉面积对各主产区花生种植面积的影响。黄淮海和长江流域产区灌溉面积对花生种植面积有正向影响，主要原因是花生是黄淮海产区的重要作物，灌溉面积的增加可以改善当地农业基础设施、提高产量从而提高农民收益，对种植面积有显著正向影响。而华南和东北产区灌溉面积对花生种植面积有负向影响。主要原因是华南产区的花生主要替代作物是水稻，灌溉面积的增加会使农户种植更多的水稻，对花生种植面积有挤出效应；东北产区的灌溉面积增加会使农户更愿意种植单产水平更高且为粮食作物的玉米，降低农户种植花生的积极性。

4.4 花生种植的成本收益分析

花生生产的成本与收益直接决定了农民的花生种植积极性，成为影响花生稳定供给的关键因素。《全国农产品成本收益资料汇编》中，花生生产成本指的是花生生产过程中直接投入的各项资金（包括实物和现金）和劳动力成本，反映了除去土地外其余投入的总花费。花生生产净利润指的是花生产值和花生生产过程中投入的各项资金（包括实物和现金）、劳动力和土地等成本之间的差额，反映了花生生产中消耗的所有资源投入的净回报。

4.4.1 花生生产成本构成及其变化趋势

图4-5显示了我国花生生产成本及其占比的变化情况。数据显示，花生生产成本从1998年的358.08元/亩增长到2021年的1 226.83元/亩，呈"S"

形增长态势，2004 年开始进入快速上升空间，这与劳动力价格快速上涨的时间点一致。其中，人工成本从 1998 年的 186.82 元/亩上涨到 2021 年的 697.15 元/亩，其占总生产成本的比重呈波浪形上升态势。结合前文分析，花生生产用工数量减少的同时人工成本大幅增加，毫无疑问可以说明劳动力价格正在上涨，进一步说明劳动力价格上涨是推动我国花生生产人工成本不断飙升的根本原因。马晓河（2011）对三种主粮的研究也得出类似结论，粮食生产成本增加的主要原因是投入品价格上涨，而不是投入品数量增加，测算发现劳动工资上涨对人工成本增加的贡献率为 174.3%，而用工数量减少的贡献率为 −74.3%。对于物质与服务费用来说，从 1998 年的 171.26 元/亩上涨到 2021 年的 529.68 元/亩，但是其占总生产成本的比重呈下降趋势，2011 年之后人工成本占比反超了物质与服务费用占比，且两者之间差距较大，由此说明人工成本增加已经成为推动我国花生生产成本快速提高的主要因素。

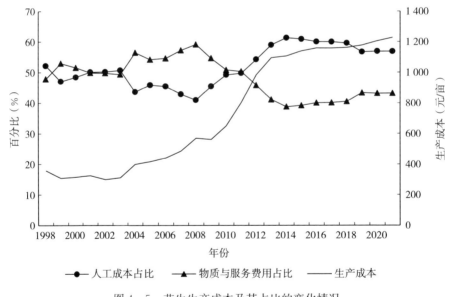

图 4-5 花生生产成本及其占比的变化情况

数据来源：历年《全国农产品成本收益资料汇编》，按当年价格计算。

需要补充的是，人工成本中的家庭用工折价是花生种植用工天数与劳动日工价的乘积，其中用工天数只考虑了花生主要种植环节，未计算日常的、间断的劳动力投入，因此，家庭用工折价往往被低估，这意味着人工成本也会被低估。随着劳动分工的日益完善，未来的人工成本仍会继续上升，其所占的比重亦随着生产成本的增加而增大，这意味着人工成本上涨对花生生产成本的影响会越来越大。

表4-8给出了2008—2021年我国花生主产省（市）生产成本的省际变化情况。从省际变化来看，花生主产省（市）生产成本一直处于不断上升状态。具体到各个省，重庆和四川的花生生产成本增速较快，辽宁和安徽的花生生产成本增速较慢，其他省份呈现不同程度上涨。进一步分析发现，主产省（市）花生单位面积生产成本增长速度不断加快，表明我国花生生产成本不断上升。

表4-8 2008—2021年花生主产省（市）的生产成本变化

单位：元/亩

年份	河北	辽宁	安徽	福建	山东	河南	广东	广西	重庆	四川
2008	605.89	502.17	535.38	719.41	695.66	481.50	575.92	605.26	472.38	422.73
2009	608.05	480.51	537.03	693.62	674.84	450.42	567.37	549.26	548.80	552.09
2010	706.02	574.95	581.08	867.07	744.98	555.28	677.82	663.76	646.77	597.13
2011	884.34	677.73	765.07	1 052.54	925.09	705.76	805.33	785.17	791.69	732.28
2012	1 109.68	788.65	976.87	1 221.74	1 117.53	887.70	966.61	981.96	1 052.85	937.76
2013	1 215.40	918.25	1 018.95	1 681.62	1 233.71	922.65	1 119.01	1 200.35	1 217.36	1 118.58
2014	1 266.78	754.95	969.34	1 420.25	1 296.75	954.04	1 184.50	1 278.68	1 185.49	1 134.59
2015	1 260.26	780.20	1 007.94	1 706.07	1 330.02	975.86	1 185.30	1 290.68	1 276.55	1 197.29
2016	1 306.36	734.40	1 008.53	1 549.62	1 346.55	1 017.17	1 209.53	1 329.14	1 265.34	1 217.12
2017	1 309.67	703.06	940.43	1 693.63	1 324.29	1 048.94	1 144.89	1 349.83	1 169.37	1 233.99
2018	1 284.57	723.92	863.61	1 628.38	1 337.68	1 031.88	1 239.00	1 384.25	1 175.25	1 270.99
2019	1 296.24	821.15	909.04	1 611.03	1 034.71	1 262.49	1 373.04	1 181.13	1 331.36
2020	1 319.98	862.74	903.97	1 725.99	1 380.91	1 078.07	1 287.76	1 453.25	1 187.01	1 387.06
2021	1 268.98	890.76	935.96	1 857.00	1 407.74	1 103.05	1 345.48	1 479.32	1 192.89	1 426.96

数据来源：历年《全国农产品成本收益资料汇编》。2019—2021年重庆缺失数据采用线性插值法补齐。

4.4.2 花生土地成本构成及其变化趋势

图4-6给出了我国花生土地成本及其占比的变化情况。数据显示，花生

土地成本从 1998 年的 41.1 元/亩增长到 2021 年的 231.47 元/亩，呈"S"形增长态势，2004 年开始进入快速上升空间，这与劳动力价格快速上涨的时间点一致。对比发现，生产成本总体增长较多，但土地成本增长更快。花生土地成本中，自营地折租占比远高于流转地租金占比。其中，自营地折租从 1998 年的 29.75 元/亩上涨到 2021 年的 202.64 元/亩，其占土地成本的比重呈先上升后下降态势。对于流转地租金来说，其占土地成本的比重呈先下降后上升的趋势，从 1998 年的 28% 下降到 2009 年的 2%，再从 2010 年的 4% 上升到 2021 年的 12%。实际上，小农户是我国花生种植的基本组织形式，经营规模较小，主要种植自家承包地，不流转土地或仅少量兼种亲戚邻居的土地。

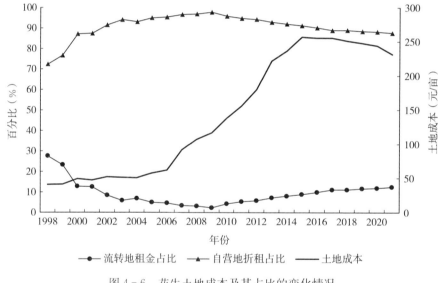

图 4-6　花生土地成本及其占比的变化情况

数据来源：历年《全国农产品成本收益资料汇编》，按当年价格计算。

表 4-9 给出了 2008—2021 年我国花生主产省（市）土地成本的省际变化情况。总体来看，各省（市）花生土地成本均呈现增加趋势。根据价格理论，农业用地价格主要由农业土地要素稀缺程度决定。而农业土地稀缺程度受房地产市场规模和城镇化进程的影响较大。一方面，房地产市场规模的不断扩大和城镇化的快速发展，增加了农业土地要素稀缺程度，导致土地经营成本和机会成本迅速攀升。另一方面，城镇化的快速发展促使大量农村人口转变为城镇人

口，加大了对城镇住房的需求。因此，房地产市场规模的不断扩大和城镇化发展水平的不断提高，会通过增加农业耕地的稀缺性来影响粮食生产的土地成本（谭砚文等，2022）。在土地流转的过程中，尽管土地成本的上升意味着土地承包户能够获得更高的财产性收入，但是，对转入土地的新型农业经营主体而言带来了更高的经营风险。尤其是农业供给侧结构性改革以来，农产品价格形成机制由"托市"机制转变为市场定价机制，农产品价格波动、下降的趋势明显，新型农业经营主体面临收益下降的压力，加之土地成本上涨的推动作用，农业经营利润空间不断缩减，甚至出现亏损，部分地区更是出现了弃耕跑路的现象。例如，河北成安县某蔬菜种植专业合作社将流转的 1 000 多亩土地"毁约弃耕"，这对我国现行以土地流转为主的农业适度规模经营实现路径带来了挑战（刘余等，2019）。

表 4 - 9　2008—2021 年花生主产省（市）的土地成本变化

单位：元/亩

年份	河北	辽宁	安徽	福建	山东	河南	广东	广西	重庆	四川
2008	138.35	172.46	55.85	118.04	89.93	126.88	124.79	100.83	41.75	34.70
2009	148.04	198.96	100.57	148.79	96.31	136.36	100.61	121.99	59.52	44.26
2010	175.03	233.64	103.99	117.88	126.02	146.92	138.74	115.23	114.84	69.58
2011	189.80	245.53	130.58	112.51	160.21	153.86	153.70	128.31	122.11	73.82
2012	214.93	265.69	164.65	131.46	191.98	180.32	165.29	129.07	126.68	72.60
2013	230.35	345.36	165.05	159.90	195.50	281.51	187.22	140.78	117.08	77.22
2014	234.54	313.52	169.71	156.37	205.33	330.41	199.48	154.53	78.71	79.47
2015	246.74	379.72	220.05	219.68	212.47	356.10	200.48	155.54	96.57	79.29
2016	260.09	330.16	321.97	209.75	213.40	351.75	172.40	157.92	102.90	85.24
2017	259.43	285.40	359.56	211.31	214.12	355.77	169.32	166.23	103.56	86.34
2018	243.52	245.92	303.79	219.51	213.76	351.37	181.98	174.49	101.77	88.39
2019	225.85	275.71	304.00	218.23	208.53	355.06	189.33	188.91	99.98	90.63
2020	296.22	284.88	288.44	248.59	211.06	333.00	195.52	226.65	100.64	96.64
2021	275.48	305.93	276.02	259.27	215.96	287.49	188.72	228.25	101.30	97.05

数据来源：历年《全国农产品成本收益资料汇编》。2019—2021 年重庆缺失数据采用线性插值法补齐。

4.4.3 花生生产收益及其变化趋势

分析了花生种植成本情况，接下来再考察花生种植收益情况。表 4 - 10 给出了我国花生和三大主粮、大豆、油菜的净利润比较情况。数据显示，稻谷亩均净利润呈现逐年减少趋势，从 2008 年的 235.62 元减少到 2021 年的 59.99 元；小麦亩均净利润在观察初期呈现减少趋势，近年来呈现震荡波动变化；玉米、大豆、油菜的亩均净利润变化趋势类似，在观察初期呈现减少趋势，近年来都曾出现严重亏损；整体来看，花生亩均净利润远远高于其他几种作物的亩均净利润。由此可知，与三大主粮、大豆、油菜相比，花生种植效益总体较好，单位面积收益已跃居大宗农作物前列，具有较强的比较优势。

表 4 - 10　花生和三大主粮、大豆、油菜的净利润比较

单位：元/亩

年份	花生	稻谷	小麦	玉米	大豆	油菜
2008	256.39	235.62	164.51	159.22	178.45	308.46
2009	546.38	251.20	150.51	175.37	107.52	42.52
2010	497.26	309.82	132.17	239.69	155.15	8.59
2011	722.79	371.27	117.92	263.09	121.95	21.27
2012	675.20	285.73	21.29	197.68	128.62	−81.60
2013	124.60	154.79	−12.78	77.52	33.68	−98.30
2014	143.78	204.83	87.83	81.82	−25.73	−161.74
2015	96.71	175.40	17.41	−134.18	−115.09	−259.65
2016	270.44	141.96	−82.15	−299.70	−209.81	−330.98
2017	58.08	132.55	6.10	−175.79	−130.89	−208.88
2018	32.24	65.89	−159.41	−163.34	−192.04	−192.81
2019	371.06	20.44	15.08	−126.77	−194.10	−186.00
2020	457.06	48.99	−16.63	107.84	−60.33	−138.94
2021	345.62	59.99	129.10	162.07	42.23	−103.22

数据来源：历年《全国农产品成本收益资料汇编》。

表 4 - 11 给出了 2008—2021 年我国主产省（市）花生生产净利润的省际变化情况。大体来看，主产省（市）花生生产净利润变化分为三个阶段，第一阶段为 2008—2012 年，第二阶段为 2013—2018 年，第三阶段为 2019—2021

年。具体到各个省（市），第一阶段的花生生产净利润，河北、辽宁、安徽、山东、河南呈波动上升趋势，福建、广东、广西期末和期初相比变化不大，中间有较大波动，重庆、四川呈波动下降趋势；第二阶段的花生生产净利润，河北、安徽、福建、广东、广西、四川呈波动上升趋势，辽宁、山东、河南、重庆呈波动下降趋势；第三阶段的花生生产净利润，河北、辽宁、安徽、广西呈波动上升趋势，河南、福建、重庆呈波动下降趋势，山东、广东、四川期末和期初相比变化不大，中间有较大波动。

平均而言，单位面积花生生产现金成本为 563.05 元，现金收益为 1 240.87 元，成本利润率为 23.7%。按照"理性经济人"逻辑，农民种花生动机和行为由其价值取向和判断决定，种花生能否获取收益决定着农民种花生的意愿，但随着市场经济的发展，农民种花生的价值取向已经向多重性和综合性方向发展，种花生收益也不再只包含种花生利润，还包含同等利润下更省工省时以及风险更小等内涵，这些都是现阶段影响农民种花生积极性的重要因素。

表 4-11 2008—2021 年花生主产省（市）的净利润变化

单位：元/亩

年份	河北	辽宁	安徽	福建	山东	河南	广东	广西	重庆	四川
2008	208.07	141.81	265.34	601.58	192.40	163.06	463.21	420.86	224.20	451.91
2009	587.04	586.88	554.54	630.01	684.14	631.84	206.45	155.52	155.21	364.31
2010	614.05	368.12	338.17	463.51	769.30	454.65	250.66	315.94	85.89	321.70
2011	687.11	359.82	423.29	989.44	842.56	1 002.63	567.60	618.01	143.84	181.50
2012	453.13	697.38	551.15	644.07	876.20	870.14	452.83	489.42	79.91	222.83
2013	−47.61	243.74	21.92	−58.86	104.61	230.72	150.43	191.66	−87.97	−40.31
2014	15.09	241.22	168.60	−63.03	357.57	89.06	123.19	72.97	−226.37	−31.06
2015	19.71	−331.12	29.89	471.90	96.50	244.18	224.62	81.70	−336.21	3.01
2016	78.36	301.18	134.76	314.83	222.89	435.14	258.58	90.04	−317.35	329.11
2017	−29.17	−114.07	252.21	420.90	35.61	−0.04	214.80	156.95	−269.10	155.25
2018	55.71	−38.52	104.31	28.63	−22.88	−43.33	272.13	234.10	−321.72	105.71
2019	253.48	236.31	624.86	554.61	360.87	174.99	359.38	298.36	−374.34	247.62
2020	457.80	240.33	709.98	364.78	279.92	316.79	685.47	646.10	−426.96	294.78
2021	560.37	510.36	850.11	477.20	377.24	19.90	295.14	606.16	−479.58	273.38

数据来源：历年《全国农产品成本收益资料汇编》。2019—2021 年重庆缺失数据采用线性插值法补齐。

4.5　本章小结

花生在中国的油料作物中具有重要地位，对于保障油料安全、提高农民收入具有重要意义。本章利用宏观数据，通过描述性统计分析方法梳理和解析我国花生生产发展动态及结构特征。主要得出以下研究结论：

（1）花生大约在明朝时期传入中国，明清以来花生的发展趋势总体向上攀升，可将这个发展历程划分为三个阶段：缓慢推广时期（1631—1861 年）、**逐步扩展时期**（1862—1911 年）、**快速发展时期**（1912—1949 年）。新中国成立以来，根据花生生产在不同历史时期呈现出的不同特点，可将其发展历程大致分为恢复生产阶段（1949—1956 年）、生产下滑阶段（1957—1961 年）、低水平增长阶段（1962—1978 年）、快速增长阶段（1979—2003 年）、生产调整阶段（2004—2007 年）、持续增长阶段（2008 年至今）六个阶段。我国出口花生总体可以分为未加工、深加工和提炼花生油所得的油渣饼及其他固体残渣三大类别。目前我国花生市场消费呈现紧平衡状态，国内花生消费结构为：约有 47％的花生原料制取花生油，44％左右的花生原料作为食用食品的来源，出口占比仅有 3％左右，留种占比约为 4％，剩余部分为损耗量。花生作为完全商品作物之一，具有完全商品化的特征，价格也由市场供求关系决定。近年来，花生价格波动频繁，并且这种价格波动风险呈现不断加剧的趋势。

（2）改革开放以来，我国花生生产总体上呈现增长态势，播种面积、产量和单产水平均呈现波浪形增长趋势。从花生生产要素投入来看，劳动力投入数量呈现逐年减少趋势，但是依旧明显多于三大主粮，说明花生生产仍然对劳动力依赖较强，属于典型的劳动密集型农作物；资本投入中机械和化肥均呈现快速增长趋势，从增长趋势来看，花生生产资本投入呈现明显的阶段性特征。雇工工价与机械作业费用之间存在显著的正向关系，即随着劳动力价格上涨，单位面积上农业机械支出也增加。雇工工价与化肥用量之间同样存在显著的正向关系，即劳动力价格越高，单位面积上化肥用量往往也越多。我国花生生产单位面积的农药费呈现快速增长趋势，种子用量较为稳定，一直维持在 15 公斤/亩左右，农膜用量也较为稳定，一直维持在 0.7 公斤/亩左右。

（3）基于自然条件、种植品种、栽培方法、耕作制度等全面考虑，将我国划分为四大花生主产区，分别是黄淮海产区、长江流域产区、华南产区和东北产区。其中，黄淮海产区花生种植面积最大、产量最高，是全国最大的花生主产区；长江流域产区的生产水平次之；华南产区由于地形地貌的限制无法扩大种植，花生生产水平较为稳定；由于近年来玉米价格下跌和种植结构调整，东北产区花生生产水平增长势头最强劲。

（4）劳动力价格上涨使得我国花生生产成本不断飙升，呈现"S"形增长态势，进而改变了花生生产的成本结构。人工成本占总生产成本的比重呈波浪形上升态势，近年来，人工成本占总生产成本的比重已经超过了物质与服务费用占总生产成本的比重。花生土地成本也呈"S"形增长态势，其中，自营地折租占比远高于流转地租金占比。与三大主粮、大豆、油菜相比，花生种植效益总体较好，亩均净利润较高，具有较强的比较优势。

5 | 研究框架

    随着越来越多的农村青壮年劳动力进入城市和非农部门，农业劳动力数量急剧减少；与此同时，农业劳动力结构产生变化，呈现出老龄化和女性化趋势，他们的实际劳动供给时间有限、效率较低。我国已经在总体上跨越刘易斯第一转折点，并且将持续面临农业生产劳动力紧张和非农部门劳动力供给不足的双重困境（王庆芳和郭金兴，2021）。与此同时，劳动密集型农作物生产对劳动力的需求依旧旺盛，尤其是农忙季节，劳动力需求成倍增长。农村劳动力市场的供求失调，不可避免地推动了农业生产中劳动力价格的不断攀升。劳动力价格上涨直接抬高了要素投入成本，日益挤压农业生产的利润空间，势必会影响农户家庭的农业生产经营决策，特别是对劳动力依赖程度较大的花生生产。农户的应对策略是分析劳动力价格上涨对花生生产影响的关键，面对劳动力价格的持续快速上涨，农户的理性选择是对稀缺资源进行替代。为了实现这种替代，逻辑上讲生产者会做出以下三种生产决策调整行为：一是以资本投入为代表的生产要素投入结构调整；二是以技术采用为代表的农业生产方式调整；三是以种植面积为代表的种植决策调整。

5.1　劳动力价格上涨对要素投入和技术选择的诱导

    劳动力价格上涨不仅带来了农业与非农产业各要素之间相对价格的改变，同时使得农业生产内部各要素之间相对价格也发生了重大改变。基于农业诱致性技术创新理论，要素禀赋结构及其相对价格的变化会诱导农户调整生产决策，用相对便宜的生产要素去替代相对昂贵的生产要素或者提高技术效率从而起到节约相对昂贵的生产要素的作用，前者是基于要素投入量的角度，后者是基于生产技术的角度，两种路径均是要素替代的具象化体现。这意味着，面对劳动力价格上涨，理性的农户会在要素投入和技术选择时朝着节约劳动力的方向决策，现有研究普遍认可劳动力价格上涨会促使农户增加机械需求，通过机械化生产缓解劳动力价格上涨的不利影响（王欧等，2016；伍骏骞等，2017）。不过，这些研究主要是针对粮食等大田作物生产而得出的结论。粮食等大田作物生产过程中农业机械技术对劳动力的替代大多被视为一个整体上的替代，这实际上暗含着某些前提假设，即农业机械技术供给水平较高，能够在各个环节实现对劳动力的有效替代，因此往往可以忽略劳动力价格上涨对粮食生产不同环节影响的差异。但是，这一结论在花生生产中是否同样适用？

对于不同作物或是同一作物不同生产环节，要素替代的现实条件并非等同，这就导致了即便在同一诱发机制下，技术变迁路径也可能表现出非一致性。农业机械能否顺利替代劳动不仅取决于农户的机械需求，同时还要考虑机械的供给。农业机械技术供给水平在一定程度上决定着一个区域内农业机械能否顺利替代劳动力，以及通过什么方式来替代劳动力。现阶段来说，花生耕整地和播种环节机械化水平相对较高，但是收获环节的机械化水平远远滞后，不论是农业机械实体市场还是农机作业服务市场，发育水平都不够完善。因此，对于花生生产而言，不能笼统地将机械视为一个整体研究其对劳动力的替代，而是要考虑不同生产环节的异质性，劳动力价格上涨会诱导农户选择农业机械技术，但是机械对劳动力的替代效应在不同生产环节可能存在差异。换句话说，劳动力价格上涨对农户机械技术选择的影响可能并非作用于花生全部生产环节，而是更多作用于容易进行机械作业的耕整地和播种环节，对于收获环节而言，这种替代是受到约束的。

农业科技水平的快速提升和现代工业的不断发展，推动了以高产种子、化肥、除草剂等为代表的生物化学技术创新，这类技术的推广与使用朝着两个方向发展：节约劳动力和提高单位产量、品质。以玉米田为例，如果人工除草，则每亩地需要 1 个人工进行 3 次才能完成，每个人工的工资为 40 元/天；若使用除草剂，则每亩地仅需要 0.1 个人工，除草剂（例如丁草胺）成本为 4 元/亩，很明显起到了简化田间管理，从而节约劳动力投入和人工成本的作用（刘凤芹，2006）。诚然，农业机械技术在不同作物、同一作物不同生产环节之间存在差异性；农业机械化需要大量的资本投入，更适用于规模农业，大规模农场更容易使用和获益，且具有不可分性（Byres，1981；尚旭东和朱守银，2015）。但是，以提升土地生产率为主要标志的生物化学品供给却具有一定的同质性；生化技术对经营规模没有具体要求，任何规模的农户都可以使用并从中获益，且具有可分性；此外，生化技术还可以改良土壤营养成分、提高农作物产量。因此，除了传统意义上农业机械对劳动力的替代，农户的另一种理性行为是在施肥环节尽可能地寻找省时省工的农业生产方式。近年来，匹配现代施肥方式的新型肥料产品和新型施肥技术正在同步发展，都可以起到节约劳动力的作用。

5.2 劳动力价格上涨对农户花生种植决策的影响

农户通过增加资本投入和采用省工省时技术可以在一定程度上缓解劳动力价格上涨对花生生产带来的不利影响，这是否就意味着农户会放心地继续种植花生？理论上讲，随着劳动力价格的持续快速上涨，劳动力务农的机会成本上升，而花生是典型的劳动密集型农作物，不考虑外界因素的情况下农户的理性选择应当是缩小花生种植规模。但是，观察近十年的统计数据可知，我国花生播种面积逐年稳步扩大。现实情况说明，花生生产能力并没有随劳动力价格的上涨而降低，为什么会产生这样看似矛盾的现象呢？我国花生生产的整体情况是由无数个农户家庭的生产决策行为共同决定的，在目前小农户和多种新型农业经营主体并存的状态下，劳动力价格上涨对他们各自生产决策的影响是否存在差异？

农村劳动力大量、持续转移的过程中，农户分化迅速深化，大部分农户逐步演变为以农为主或以农为辅乃至全盘非农化的普通农户，小部分农户则成长为专业化、规模化、集约化的新型农业经营主体，如专业大户、家庭农场等（姜长云，2015）。不同经营规模农户具有不同的生产力与生产方式，其中很重要的一点就是劳动力资源具有差异。对于农户来说，无论是扩大规模还是缩小规模，其背后的决策逻辑是一致的，我们不可能动员农户缩小规模，说种花生不划算，然后又动员其进行规模经营，说种花生很赚钱。然而，花生生产到底划不划算，这主要是一个涉及生计决策的问题，也是一个动态变化的过程，其关键在于劳动力投入成本的多少（周娟，2018）。

对于小农户来说，花生生产劳动力投入以家庭自有劳动力或短期季节性雇工为主，而家庭自有劳动力并不适合按市场劳动力价格来计算，较为合理的是按照家庭劳动力的机会成本进行计算。对于规模户来说，花生生产劳动力投入主要依靠雇工或长期雇工数量明显超过家庭自有劳动力数量，以及短期雇工季节性（例如收获季节）需求倍增（尚旭东和朱守银，2015）。因此，面对劳动力价格上涨，小农户和规模户对应着两套劳动力投入成本的计算逻辑，他们对应着不同的生产函数和利润函数。所以，一旦细分不同经营规模的农户，劳动力价格上涨对他们各自花生种植决策的影响应该是存在差异的。

对于小农户来说，收入的主要来源是非农就业，劳动力价格上涨将诱使农户在农业和非农产业之间进行比较，而非农就业收入高于农业收入是农户调整劳动力配置的驱动力，他们必然会减少务农时间，转而增加务工时间，因而更倾向于维持或缩小花生种植规模。对于规模户来说，收入的主要来源是花生销售，因而面对劳动力价格的上涨，增加经营收益比较稳妥的途径是扩大现有规模，借助规模经营获取更大的收益，以平衡劳动力价格上涨带来的损失。综上，小农户和规模户之间花生种植规模的调整变化可以反映出，劳动力价格上涨下不同经营规模农户之间存在的规模替代关系。

5.3 本章小结

从经济学角度看，要素配置方式受要素禀赋的约束，任何经济主体的行为总是与约束条件下的资源配置相联系的（蒋永穆和王瑞，2020；钟甫宁，2021）。劳动力价格上涨背景下农户的生产决策，实质上是对有限资源最大限度进行合理利用，从而实现利润最大化。因此，劳动力成本上升的深层次作用在于优化花生生产要素配置格局进而推动花生生产的增长。农户拥有劳动力、土地、资本三种要素禀赋，在劳动力成本约束日益增强的情况下，农户是否会通过调整生产要素配置做出积极响应？其背后的作用机制为何？

为了回答上述问题，本书从劳动力成本优化视角出发审视我国花生产业供给安全问题，以劳动力价格的变动为中心，客观研判劳动力价格上涨对我国花生生产的影响。首先，第 3 章和第 4 章利用宏观数据对我国劳动力价格变动趋势和花生生产情况提供一个总体印象。其次，第 6 章和第 7 章分别从宏观的资本要素投入水平和微观的资本要素投入方式方面进行分析，资本要素投入水平指的是资本要素投入结构调整，资本要素投入方式指的是农户劳动节约型技术采用行为。再次，第 8 章对微观的农户间种植规模调整进行分析，即考察土地要素在不同规模农户之间的动态优化。最后，立足保障油料自给、油脂安全，探索通过花生生产要素优化配置挖掘花生增产潜力的对策思路，以期推动油料产业高质量可持续发展。

6 | 劳动力价格上涨对要素投入结构的影响

  第3章和第4章对于劳动力价格上涨及花生生产特征变化进行了描述性统计分析，初步判断劳动力价格与机械和化肥投入之间存在正相关关系。但要知道这种相关关系是否意味着因果关系也同样成立，还需要在控制其他变量的基础上，通过经济计量模型进行检验。在市场决定价格的前提下，要素价格是要素禀赋的具体表现，要素价格变化的不同步催生了农业生产内部要素相对价格的巨大改变。要素之间相对价格的变化反映出要素的稀缺性，导致农业经营者重新配置家庭资源禀赋，从而决定了不同要素的投入及替代状况（孔祥智等，2018）。根据速水—拉坦农业诱致性技术创新理论，农业生产要素禀赋结构及其价格的相对变化，会诱导要素投入结构的相应调整，要素相对价格变化和要素使用变化（即要素相对份额的变化）之间表现为负相关关系，通常用相对价格较低、相对丰富的要素来替代相对价格高昂、相对稀缺的要素（Hayami & Ruttan，1985）。结果是实际粮食生产过程中，生产者普遍倾向于使用机械以节约劳动力，使用化肥以节约土地。随着刘易斯拐点的到来和人口红利的消失，劳动力价格持续快速上涨，由此导致要素禀赋结构及其相对价格出现彻底转变，并且对劳动密集型作物生产的影响越来越大。为了追求利润最大化，花生生产者是否会根据要素价格变化对要素投入结构进行调整？我国花生生产是否符合速水和拉坦提出的农业诱致性创新理论，即花生生产要素投入调整方向是否遵循了资源禀赋的诱致性偏向？除了传统意义上农业机械对劳动力的替代，劳动力价格的持续快速上涨是否会激励农户增施化肥以节约劳动投入？各生产要素按照一定比例关系投入实际农业生产，它们之间的关系可以是替代、互补或是不确定，那么对于花生生产来说，各生产要素之间具体存在哪种关系？如果是替代关系，劳动力在多大程度上能够被哪些要素所替代？为了回答上述问题，本章利用1998—2018年中国花生生产的相关数据，构建计量经济模型，从要素投入量和要素替代弹性两个方面深入考察劳动力价格上涨对花生生产要素投入结构的影响。以期为理解花生生产要素投入结构调整的内在动因和作用机制提供分析框架，为优化花生生产要素投入结构、促进花生产业可持续发展提供有益的参考依据。

本章结构安排如下：第一节，劳动力价格变化对要素投入行为影响的理论推导；第二节，通过面板数据模型，实证分析劳动力价格上涨对花生生产要素投入量的影响，并进一步从要素相对价格变化层面进行佐证；第三节，基于超越对数成本函数，测算各要素之间的影子替代弹性，重点关注劳动力—机械替代弹性的地区差异；第四节，本章小结。

6.1　劳动力价格变化对要素投入行为影响的理论推导

"理性经济人"是西方经济学在对农户行为进行分析时的重要前提假设，农户的任何行为决策，追求的总是在既定资源禀赋条件下收益最大化，花生生产也不例外。因此，面对要素价格变化，花生生产的实质是对有限资源最大限度地合理利用，从而实现利润最大化的过程。

为了方便讨论劳动力价格变化对花生生产要素投入结构的作用机制，这里简化了农户决策模型，假设农户只进行农业生产，不考虑非农就业，农业生产仅以花生生产为例，要素投入只包括资本和劳动力。这样简化是为了集中探讨资本与劳动力之间的关系，并不影响分析结果。

假设农户的生产函数为 $Y=f(K, L)$，当生产函数严格为凹时，利润最大化有解，即生产函数满足如下条件：

$$f_{KK}<0, \ f_{LL}<0$$

$$\begin{vmatrix} f_{KK} & f_{KL} \\ f_{LK} & f_{LL} \end{vmatrix} = f_{KK}f_{LL}-f_{KL}^2>0 \tag{6-1}$$

（6-1）式中，K 为资本投入，L 为劳动力投入，资本投入主要包括农业机械和化肥，劳动力投入包括自家劳动力和雇佣劳动力。

农户的利润函数可以写为：

$$\pi=pf(K, L)-rK-wL \tag{6-2}$$

（6-2）式中，π 为利润，p 为花生价格，r 为资本价格，w 为劳动价格。将 π 分别对 K、L 求偏导，并令两个一阶偏导分别为零，可得：

$$\begin{cases} \dfrac{\partial \pi}{\partial K} = pf'_K - r = 0 \\ \dfrac{\partial \pi}{\partial L} = pf'_L - w = 0 \end{cases} \tag{6-3}$$

对（6-3）式求 K、L、r、w、p 的全微分，可得：

$$\begin{cases} pf''_{KK}dK + pf''_{KL}dL + f'_K dp - dr = 0 \\ pf''_{LL}dL + pf''_{LK}dK + f'_L dp - dw = 0 \end{cases}$$

$$\Rightarrow \begin{cases} pf''_{KK}dK + pf''_{KL}dL = -f'_K dp + dr \\ pf''_{LL}dL + pf''_{LK}dK = -f'_L dp + dw \end{cases} \tag{6-4}$$

（6-4）式可写作：

$$\begin{bmatrix} pf_{KK} & pf_{KL} \\ pf_{LK} & pf_{LL} \end{bmatrix} \begin{bmatrix} dK \\ dL \end{bmatrix} = \begin{bmatrix} -f'_K dp + dr \\ -f'_L dp + dw \end{bmatrix} \tag{6-5}$$

用克莱姆法则解 dK、dL，其中，$D = f_{KK}f_{LL} - f^2_{KL}$，可得：

$$dK = \frac{1}{p^2 D}\left[(-f'_K dp + dr)pf''_{LL} - (-f'_L dp + dw)pf''_{KL}\right]$$

$$= \frac{1}{pD}\left[f''_{LL}dr - f''_{KL}dw + (f''_{KL}f'_L - f''_{LL}f'_K)dp\right] \tag{6-6}$$

$$dL = \frac{1}{pD}\left[f''_{KK}dw - f''_{LK}dr + (f''_{LK}f'_K - f''_{KK}f'_L)dp\right]$$

令 $dr = dp = 0$，可以得到劳动力价格 w 对资本投入 K 的影响，则有：

$$\frac{dK}{dw} = -\frac{f''_{KL}}{pD} \tag{6-7}$$

由于 $D > 0$，结合公式（6-7）得出，劳动力价格 w 对资本投入 K 的影响取决于 f''_{KL} 的符号。如果 $f''_{KL} > 0$，则 $\dfrac{dK}{dw} < 0$，表明劳动力价格上涨会导致资本投入减少；如果 $f''_{KL} < 0$，则 $\dfrac{dK}{dw} > 0$，表明劳动力价格上涨会导致资本投入增加。

f''_{KL} 是指劳动力投入 L 变动对资本投入 K 边际产出的作用，反映了劳动力和资本之间的关系。当其大于 0 时，两者表现为互补关系；当其小于 0 时，两者表现为替代关系。综上，倘若资本与劳动力属于替代关系，劳动力价格上涨会导致资本投入增加。

6.2　花生生产要素投入的实证分析

6.2.1　模型设定与变量选择

6.2.1.1　模型设定

这里考察的要素包括劳动力和资本，资本要素主要是指机械和化肥。根据劳动力价格上涨对机械和化肥投入影响的估计结果，判断未来花生生产中要素投入结构调整的方向及程度。具体模型设定如下：

$$Y_{it} = \alpha + \beta_1 X_{it} \times P + \beta_2 R_{it} \times (1-P) + \delta Z_{it} + \mu_{it} + \varepsilon_{it} \qquad (6-8)$$

（6-8）式中，被解释变量 Y_{it} 是 i 省在 t 年花生生产中的机械投入或化肥投入。X_{it} 是 i 省在 t 年从事花生生产的劳动力价格。要素使用的最优选择应该是要素相对份额取决于要素相对价格（何爱和徐宗玲，2010），故引入要素价格比 R_{it} 来构建扩展模型，考察要素相对价格变化对要素投入的影响，试图验证劳动力价格上涨对花生生产要素投入的诱导路径。P 为调节变量，取值为 0 或 1；Z_{it} 为一系列控制变量；μ_{it} 是省级非观测效应；ε_{it} 是随机扰动项；α、β_1、β_2 和 δ 是待估计参数。

6.2.1.2　变量选择

(1) 被解释变量。《全国农产品成本收益资料汇编》中未提供能够直接衡量机械投入的数据，这里选用机械作业费用作为机械投入的代理变量。为了保证数据的可比性，选用化肥费用作为化肥投入的代理变量。

(2) 关键变量。现有研究大多将农业机械价格指数作为农业机械的价格（陈书章等，2013），这种衡量方法是存在偏差的。我国机械化的发展道路以农机社会化服务为主，农机手、专业合作社等购买农机具并提供农机社会化服务，小农户直接购买农机作业服务以实现机械化生产（孔祥智等，2015）。农户通过购买机械作业服务实现了农机服务需求到实际机械支出的转换。所以，沿用农业机械价格指数衡量机械价格的方法已经不适应中国农机社会化服务的现实情况。

为此，这里提出了一种新方法来测算机械价格，用花生一整套作业流程（包括耕整地、播种和收获）全部由农机社会化服务机构来完成的平均费用表示机械价格。对应地，花生一整套作业流程全部由雇工来完成的平均费用为劳动价格，此价格与劳动力价格的变化趋势是一致的，同机械价格可比，用来衡量劳动力价格。用化肥费用除以化肥用量，得到化肥价格。因此，劳动机械相对价格＝劳动价格÷机械价格，劳动化肥相对价格＝劳动价格÷化肥价格。

（3）**控制变量。**要素投入不仅与要素本身的价格有关，还受到其他很多因素的影响，这里选取的控制变量包括土地成本、经营规模、花生价格和地形条件。土地成本用地租来衡量，土地与劳动为互补性的生产要素，土地价格上涨也可能引致农户对提升劳动生产率的需求上升，从而使资本投入需求上升。经营规模用花生播种面积来衡量，经营规模越大，农户生产环节面临劳动力约束的可能性越大，从而越倾向于增加机械、化肥等农业生产资料。花生价格用花生主产品产值除以主产品产量来衡量，花生价格越高，农户增加要素投入的经济激励越强，反之则反。地形条件用各省坡度小于等于 2°耕地面积所占比例来衡量，地势越平坦的区域，越容易进行机械作业和田间管理（郑旭媛和徐志刚，2016）。

利用 1998—2018 年中国 10 个花生主产省（市）的面板数据，具体包括河北、辽宁、安徽、福建、山东、河南、广西、广东、重庆和四川，样本省（市）的花生产量和播种面积分别占全国的 79％和 75％，能够有效反映中国花生生产的整体情况。具体数据来源如下：机械和化肥投入、化肥价格、土地成本以及花生价格数据来自《全国农产品成本收益资料汇编》；劳动价格和机械价格数据来自国家花生产业技术体系产业经济岗位专家课题组的农户调查；地形条件数据来自土地资源数据库；经营规模数据来自历年《中国统计年鉴》。为了消除价格变动因素，以上各价值变量均按相关价格指数折算为 1998 年不变价。

各变量描述性统计见表 6－1。

表 6－1 花生生产要素投入模型变量的描述性统计

变量	均值	标准差	最小值	最大值
机械投入（元/亩）	33.32	25.42	0.19	95.87
化肥投入（元/亩）	59.39	21.32	15.70	109.78
劳动价格（元/亩）	295.96	151.93	83.05	678.71
机械价格（元/亩）	221.79	47.54	120.00	333.00
化肥价格（元/公斤）	3.79	0.59	2.43	6.18
土地成本（元/亩）	78.81	41.29	17.78	202.09

（续）

变量	均值	标准差	最小值	最大值
经营规模（×10³ 公顷）	360.74	299.60	33.50	1 203.20
花生价格（元/公斤）	3.71	0.98	2.15	7.82
地形条件（%）	59.86	29.59	4.79	98.50

6.2.2　估计结果分析

面板数据模型存在诸多估计方法，分别使用混合 OLS 估计方法、随机效应模型和固定效应模型对花生生产函数进行估计和检验，最终确定方程 1 和方程 2 采用固定效应模型，方程 3 和方程 4 采用随机效应模型。受篇幅限制，表 6-2 直接报告了对模型（6-8）的最终估计结果，方程 1 汇报了劳动力价格上涨对机械投入的影响，方程 3 汇报了劳动力价格上涨对化肥投入的影响。为了考察要素相对价格变化对要素投入的作用效果，做了进一步的回归分析，方程 2 汇报了劳动机械相对价格变化对机械投入的影响，方程 4 汇报了劳动化肥相对价格变化对化肥投入的影响。

（1）关键变量对花生生产要素投入的影响。劳动价格对机械投入和化肥投入均有显著的正向影响，且均通过了 1% 的显著性检验。说明随着劳动力价格的上涨，农户倾向于增加资本要素投入。方程 1 和方程 3 中，劳动价格的系数分别是 0.096 5 和 0.033 3，表明劳动价格每增加 1 元，花生生产亩均机械投入增加 0.096 5 元、化肥投入增加 0.033 3 元。这意味着，劳动力价格上涨会促使花生生产中资本投入更偏向于农业机械。

引入要素相对价格后，劳动机械相对价格变化对机械投入依旧具有显著的正向影响，劳动化肥相对价格变化对化肥投入也仍存在显著的正向影响。由此说明，劳动力价格以及劳动力相对价格的变化对要素投入的作用效果是一致的，劳动力价格上涨及其带来的要素相对价格的提高，对花生生产中机械投入和化肥投入均有显著的正向影响。以劳动力和机械为例，若机械价格为 100 元/亩，劳动价格也为 100 元/亩，此时劳动与机械之间不存在替代关系；但是，若机械价格上涨为 200 元/亩，劳动价格上涨到 400 元/亩，即劳动相对于机械的价格提高 1 倍，此时用机械替代劳动，机械投入只需要增加 21.89 元，机械成本明显低于人工成本，因此有必要通过机械来替代劳动力，化肥的情况与之类似。总体来说，随着劳动力价格的上涨，劳动力与机械的相对价格不断提高，在要素相对价格的诱导下，农户对农业机械产生了巨大需求，倾向于使用机械替代劳动力。

表 6 - 2 劳动力价格上涨对要素投入影响的估计结果

变量	机械投入		化肥投入	
	方程 1	方程 2	方程 3	方程 4
关键变量				
劳动价格	0.096 5***	—	0.033 3***	—
	(0.010 7)		(0.008 41)	
劳动机械相对价格	—	21.89***	—	—
		(3.032)		
劳动化肥相对价格	—	—	—	0.077 6**
				(0.033 5)
控制变量				
土地成本	0.183***	0.223***	0.099 1***	0.14***
	(0.041 5)	(0.044 3)	(0.033 3)	(0.032 8)
经营规模	0.008 3	0.017 1	−0.029 4**	−0.031 4***
	(0.018 8)	(0.020 5)	(0.011 7)	(0.011 8)
花生价格	−0.843	−0.317	2.16*	2.846**
	(1.594)	(1.691)	(1.239)	(1.252)
地形条件	1.081***	1.35***	0.619***	0.607***
	(0.322)	(0.354)	(0.142)	(0.144)
常数项	−78.44***	−103.7***	7.115	6.59
	(22.67)	(25.42)	(10.28)	(10.48)
样本量	188	188	202	202

注：***、**和*分别表示在1%、5%和10%的水平上显著，括号内为标准误。

根据诱致性技术创新理论，农业机械属于典型的劳动替代型生产要素，而化肥属于典型的土地替代型生产要素（Hayami & Ruttan，1985）。基于面板模型的估计结果，前者得到验证，同时我们清楚地发现，化肥同样可以成为劳动力的替代要素。从经济意义上讲，劳动力价格上涨造成了劳动化肥相对价格上升，为实现收入最大化，农户会依据要素相对价格变化进行要素投入结构调整，通过增加相对价格较低的化肥投入，替代相对价格较高的劳动力投入。从生产实践上讲，化肥对劳动力的替代机制在于：一方面，劳动力价格上涨会促使农户降低田间管理强度，而增施化肥能够有效促进作物生长，在一定程度上简化了田间管理，进而起到替代劳动投入的作用。另一方面，农户施肥通常分为多次少量和少次多量两种方式，从施肥总量和劳动力投入两个方面对比两种方式：多次少量的特点是生长周期内化肥施用总量较少，但是由于施肥次数较多，因此对应的劳动力投入较多；少次多量的特点是生长周期内化肥施用总量较多，但是由于施肥次数较少，因此对应的劳动力投入较少。在劳动力价格上涨的情况下，农户自然会选择少次多量的施肥方式，把生育期内多次施肥改为播种时一次性施肥，由于施肥量需要满足整个生长周期的需要，加上雨水可能导致肥料流失，农户往往会加大施肥量以保证花生产量。除此之外，部分生产者会采用缓释肥料，尽管缓释肥料用量没有增加，但是其单价通常较高，故肥料投入费用也会上升，而这里的化肥投入是利用化肥费用来衡量的。花生属于典型的喜肥作物，随着劳动力价格的不断攀升，改变施肥方式或是调整肥料品种，不仅保证了花生产量，还可以实现化肥对劳动力的替代。

综上，劳动力价格上涨及其带来的要素相对价格的提高促使我国花生生产中机械投入和化肥投入增加。从宏观层面来看，这是农业诱致性技术变迁的结果，要素投入结构调整表现出明显的诱致性偏向；从微观层面来看，这是农民理性选择的结果，选择用相对低廉的资本要素替代相对昂贵的劳动要素（蔡键和唐忠，2016）。

（2）控制变量对花生生产要素投入的影响。控制变量对花生生产要素投入的影响大多符合理论预期，机械投入模型（方程2）和化肥投入模型（方程4）中，各控制变量的回归系数符号和统计检验结果均基本一致。土地价格对机械投入和化肥投入均存在显著的正向影响，且均通过了1%的显著性检验。土地与劳动为互补性的生产要素，故土地价格上涨也会促使农户对提升劳动生产率的需求上升，从而增加资本投入的需求。播种面积对化肥投入有显著的负向影响，对机械投入有正向影响但不显著。即花生播种面积越大，农户越倾向于减少化肥投入。花生价格对化肥投入有显著的正向影响，对机械投入有负向影响但不显著。即花生价格越高，农户越倾向于增加化肥投入。地形条件对机械投入和化肥投入均存在显著的正向影响，且均通过了 1‰ 的显著性检验。主要的原因是，与丘陵、山区相比，平地为农机田间作业和田间养分管理提供了更大可能性。

6.3　要素替代弹性的测算

要素替代弹性表示投入要素价格比变动时，一种要素替代另一种要素的能力（Hicks，1932）。也就是说，面对要素价格冲击，决策者调整要素投入结构的能力取决于要素替代关系及其大小。因此，准确测算生产要素之间的替代弹性，不仅能够了解要素之间的替代强度，而且有助于决策者根据要素价格变化采取相应对策，进而改善资源配置。上一节研究已经明确了劳动力价格上涨会诱使农户增加资本投入，本节将利用超越对数成本函数测算各要素之间的影子替代弹性，以揭示劳动力能够在多大程度上被资本要素所替代，并重点从替代弹性的时空变化和地区差异方面展开分析讨论。

6.3.1　模型设定与变量选择

6.3.1.1　模型设定

已有文献多利用生产函数来刻画要素替代关系，不同的生产函数模型蕴含着不同的要素替代假定：经典的 C - D 生产函数假定要素替代弹性为 1，经济意义明确但却与现实不符；CES 生产函数虽然放松了替代弹性为 1 的假定，但无法刻画替代弹性的时变特征；VES 生产函数弥补了 CES 生产函数的不足，但形式复杂，难以进行线性估计；超越对数生产函数在测算替代弹性时存在数理层面的逻辑错误（王灿雄和谢志忠，2013；郝枫和盛卫燕，2014）。

为了有效弥补了以上生产函数存在的问题，Christensen 等（1973）提出了超越对数成本函数，它在结构上属于平方响应面模型，无须设定特定的生产函数形式（Stratopoulos et al.，2000），也不需要对要素替代弹性施加任何前提假定（Woodland，1975），具有易估计和包容性强两大优势。更重要的是，超越对数成本函数将要素价格视为自变量，有效避免了内生解释变量问题，故其优于各种生产函数，特别适合用来刻画生产要素之间的替代（互补）关系及其变化特征。其一般形式为：

$$\ln C = \gamma_0 + \sum_{i=1}^{n} \alpha_i \ln X_i + \sum_{i=1}^{n} \beta_i \ln P_i + \frac{1}{2} \sum_{i=1}^{n} \sum_{j=1}^{n} \alpha_{ij} \ln X_i \ln X_j +$$

$$\frac{1}{2} \sum_{i=1}^{n} \sum_{j=1}^{n} \beta_{ij} \ln P_i \ln P_j + \sum_{i=1}^{n} \sum_{j=1}^{n} \beta_{ij} \ln P_i \ln X_j \tag{6-9}$$

（6-9）式中，C 表示总生产成本，X_i 表示第 i 项投入要素数量，X_j 表示第 j 项投入要素数量，P_i 表示第 i 项投入要素价格，P_j 表示第 j 项投入要素价格，γ_0、α_i、β_i、α_{ij} 和 β_{ij} 是待估计参数。

超越对数成本函数包含的自变量过多，直接估计往往面临严重的共线性问题，因此一般不直接估计公式（6-9），而是转向估计成本份额函数。根据谢波德引理，最小成本函数对要素价格的偏导数，等于给定产出水平下使总成本最低的要素投入数量，进而得到要素 i 的成本份额方程：

$$S_i \equiv \frac{P_i X_i}{C} = \frac{\partial \ln C}{\partial \ln P_i} = \beta_i + \sum_{j=1}^{n} \beta_{ij} \ln P_j + \sum_{j=1}^{n} \gamma_{ij} \ln X_j \tag{6-10}$$

（6-10）式中，S_i 表示要素 i 的成本份额，P_j 表示第 j 项投入要素价格，X_j 表示第 j 项投入要素数量，β_i、β_{ij} 和 γ_{ij} 是待估计参数。因此，对任意投入要素 i，只要拥有要素价格、成本份额和要素数量的数据，便可以利用公式（6-10）进行参数估计。由于待估参数大幅减少，共线性问题可以得到有效缓解。

超越对数成本函数中常见的要素替代弹性有交叉价格弹性（Cross-price Elasticity，CPE）、Allen 替代弹性（Allen Partial Elasticity of Substitution，AES）、Morishima 替代弹性（Morishima Elasticity of Substitution，MES）和影子替代弹性（Shadow Elasticity of Substitution，SES）四种（郝枫，2015；潘彪和田志宏，2018）。与 CPE、AES 和 MES 相比，SES 更接近 Hicks（1932）对替代弹性的原始定义（Mcfadden，1963），具有理论优势且计算结果稳健性更强。

根据 Binswanger（1974b）和郝枫（2015）的研究，SES 可以由要素需求交叉价格弹性导出，要素需求交叉价格弹性可由 β_{ij} 计算得到：

$$\delta_{ij}^S = [S_i/(S_i+S_j)](E_{ij}-E_{jj}) + [S_j/(S_i+S_j)](E_{ji}-E_{ii}) \tag{6-11}$$

$$E_{ij} = \partial \ln X_i / \partial \ln P_j = \frac{\beta_{ij}}{S_i} + S_j \quad (i \neq j) \tag{6-12}$$

（6-11）式、（6-12）式中，δ_{ij}^S 表示要素 i 和 j 的影子替代弹性，E_{ij} 表示

要素 i 和 j 的需求交叉价格弹性，E_{ji} 表示要素 j 和 i 的需求交叉价格弹性，S_i 表示要素 i 的成本份额，S_j 表示要素 j 的成本份额，E_{ii} 表示要素 i 的需求（自）价格弹性，E_{jj} 表示要素 j 的需求（自）价格弹性，β_{ij} 由公式（6 - 10）估计得到。

6.3.1.2 变量选择

要素替代弹性测算涉及具体变量的定义和处理如下：

（a）劳动力的投入和价格，选取用工数量（日/亩）代表劳动力投入，用人工成本除以用工数量来衡量劳动力价格（元/日）。（b）机械的投入和价格，选取机械作业费（元/亩）代表机械投入量，用花生一整套机械作业流程的平均费用（元/亩）作为机械价格。（c）化肥的投入和价格，选取化肥用量（公斤/亩）来衡量化肥投入，用化肥费用除以化肥用量得到化肥价格（元/公斤）。（d）其他要素的投入和价格，将诸如种子费、农药费、排灌费、固定资产折旧等生产支出均归为其他要素投入，具体计算方法是物质与服务费减去机械作业费和化肥费，其他要素价格用农业生产资料价格指数来替代。为了消除价格变动因素，以上各价值变量均按相关价格指数进行了平减。

6.3.2 估计结果分析

超越对数成本函数的系数满足对称性和价格齐次性等约束条件，且各要素成本份额相加一定等于 1，因此，实际操作中可以仅仅估计（$n-1$）个独立的成本份额方程。花生生产中其他要素投入的数量和价格难以衡量，故在此只对劳动力、机械和化肥的成本份额方程进行系统估计。借助 Stata13 软件，采用似不相关回归法进行系统估计，能够在一定程度上克服各个方程之间的残差相关问题，提高估计的有效性，估计结果见表 6 - 3。Breusch - Pagan LM 检验结果在 5% 统计水平上显著拒绝各方程扰动项之间"无同期相关"的原假设，故使用 SUR 进行系统估计可以提高估计的效率。回归结果中绝大部分变量的系数都通过了显著性检验，所有方程的 R^2 都在 0.8 以上，说明模型设定和变量选取均能较好地反映我国花生生产的实际情况。

要素替代弹性是衡量要素之间替代关系强弱的核心指标。当其取值小于 0，要素之间为互补关系；当其取值大于 0，要素之间为替代关系，弹性值越大，替代性越强。基于成本份额方程的估计结果和要素替代弹性计算公式（6 - 11），计算出了花生各要素之间的影子替代弹性（图 6 - 1）。

表 6 - 3 要素成本份额方程的估计结果

变量	劳动力		机械		化肥	
	估计值	z 值	估计值	z 值	估计值	z 值
$\ln P_L$	0.285***	41.76	−0.013 6***	−4.46	−0.106***	−21.38
$\ln P_M$	−0.013 6***	−4.46	−0.015***	−3.3	0.011 5***	3.05
$\ln P_F$	−0.106***	−21.38	0.011 5***	3.05	0.055 5***	7.52
$\ln L$	0.191***	27.61	−0.032 8***	−10.23	−0.069 5***	−11.29
$\ln M$	−0.007 29***	−2.94	0.022***	19.25	0.009 06***	4.23
$\ln F$	−0.082 2***	−13.98	0.004 99*	1.83	0.064 1***	12.4
常数项	0.987***	20.22	0.172***	6.11	−0.063 5	−1.42
样本量	190		190		190	
R^2	0.956		0.879		0.827	

Breusch - Pagan test of independence：chi2 (3) ＝8.641，Pr＝0.034 5

注：***、** 和 * 分别表示在 1%、5% 和 10% 的水平上显著。

（1）机械与劳动力之间存在明显的替代关系。机械与劳动力的替代弹性值始终大于 0，说明机械与劳动力之间存在明显的替代关系。就变化趋势来看，机械与劳动力替代弹性值存在明显的阶段性特征，1998—2003 年，两者的替代弹性值在 0.75 左右徘徊，2004 年之后，替代弹性值越来越大，直到近年来略有下降。观察初期，我国农业机械化还处于较低水平，花生生产中机械投入相对较少，主要动力源于农民对小型农业机械的自主采用，2000 年之后中央进行了农村税费改革，改善了农业经营环境，大中型拖拉机和联合收割机等农业机械得以大规模采用，2004 年农机购置补贴政策正式实施，中国农业机械化进入了一个突飞猛进的"黄金十年"时期（焦长权和董磊明，2018）。同一时期（2004 年），我国东部沿海地区暴发了"民工荒"，使得劳动力价格进入了一个飞速攀升的区间。在两方面作用下，机械相对于劳动力而言越来越便宜，农民对农业机械有了强劲的内生需求，花生生产机械化作业越来越普遍。近年来，机械与劳动力之间的替代强度在减弱，这意味着农业机械对劳动力的替代效果变得越来越有限，未来农业机械进一步替代劳动力的难度增加，这可能和花生机械化水平提高缓慢有很大关系。

（2）化肥与劳动力之间同样存在明显的替代关系。1998—2018 年，化肥与劳动力的替代弹性值始终大于0，说明化肥对劳动力形成了有效替代，这一结果充分印证了上一节的结论。和机械与劳动力替代关系不同的是，随着时间的推移，化肥与劳动力替代弹性的数值稳步增加，说明二者之间的替代关系越来越强，未来化肥对劳动力的替代存在较大的提升空间。可能的原因是，农业机械对劳动力的替代受到不可分性、经营规模等约束，而化肥对劳动力的替代具有一定的同质性，且受经营规模约束较小。

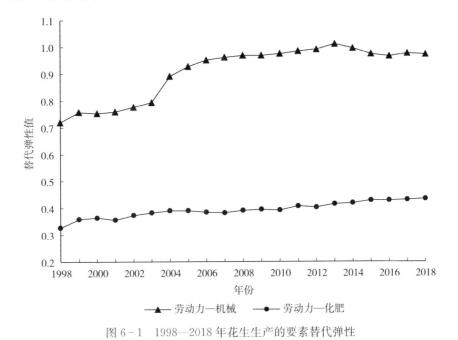

图 6-1　1998—2018 年花生生产的要素替代弹性

6.3.3　要素替代弹性的地区差异

我国花生主产区包括了从东北到西南地区的共 10 个省（市），区域间的自然资源条件、农业基础设施建设、社会经济发展水平等各不相同，这些因素导致要素替代情况存在差异。参考《全国农业机械化发展第十三个五年规划》中的地区划分，本书所涉及的 10 个花生主产省（市）分别对应着 5 个地区，具体来说，山东、河南和河北属于华北平原，辽宁属于东北地区，安徽属于长江中下游地区，广东、广西和福建属于南方低缓丘陵区，重庆和四川属于西南丘陵山区。由于化肥对劳动力的替代具有一定的同质性，故在此重点分析劳动力—机械替代弹性的地区差异。表 6-4 显示了花生生产中劳动力—机械替代弹性的区域性分布情况。

表 6-4　劳动力—机械替代弹性的区域性分布

地区	省（市）	弹性值	省（市）	弹性值	省（市）	弹性值
华北平原	山东	0.749	河南	0.717	河北	0.711
东北地区	辽宁	0.681				
长江中下游地区	安徽	0.677				
南方低缓丘陵区	广东	0.657	广西	0.628	福建	0.460
西南丘陵山区	重庆	0.251	四川	0.591		

可以发现，劳动力与机械的替代弹性存在明显的地区差异。其中华北平原的替代弹性值最大，东北地区和长江中下游地区次之，南方低缓丘陵区和西南丘陵山区较小；具体到省（市）来说，山东省的替代弹性值最大，重庆市的替代弹性值最小。受到地形条件的限制，替代弹性较高的区域基本集中在平原地区，这些地区地形平坦开阔，耕地面积较大且连片，也都是传统的花生优质主产区，机械化普及程度较高；而替代弹性较低的区域集中在丘陵或山区，这些区域地貌类型丰富，复杂多样的地形条件在很大程度上制约了农业机械化的推广和应用。由此说明，花生生产过程中机械对劳动力的替代存在地区间的发展不平衡，劳动力与机械替代弹性的高低分布呈现由北向南递减的趋势，符合中国北方旱地平原地区机械化水平较高，南方水田特别是山地、丘陵地区机械化发展滞后的现实情况。实际上，花生生产中劳动力与机械替代弹性整体上低于粮食作物，即便是在北方平原地区（郑旭媛和应瑞瑶，2017；潘彪和田志宏，2018）。

《全国农业机械化发展第十三个五年规划》强调，按照因地制宜、突出重点、经济有效、节约资源、保护环境、保障安全的要求，紧密结合农业产业结构调整，推进农业机械化区域均衡协调发展。华北平原地区，主要涉及京、津、冀、鲁、豫 5 省（市）。重点巩固提高小麦生产全程机械化质量效益，全面实现玉米生产全程机械化。扩大深松整地、保护性耕作、高效植保、中耕施肥、节水灌溉、秸秆还田收贮、粮食烘干等机械化技术应用面积。加大花生、马铃薯种植与收获机械化示范和推广力度。探索棉花机械收获有效途径。大力发展设施农业、畜牧业机械化，稳步发展农用航空。加快老旧农机报废更新。

东北地区，主要涉及蒙、辽、吉、黑 4 省（区）。重点提升水稻、玉米、马铃薯、大豆等粮食作物生产全程机械化质量效益。加强黑土地保护，大力推进深松整地、保护性耕作、高效植保、玉米籽粒收获、秸秆还田收贮、粮食烘干等机械化技术应用。加快发展设施农业、畜禽养殖、挤奶、牧草生产加工、草原畜牧业机械化，积极发展农用航空。大范围应用大马力、高性能农业机械和复式作业机具，提高大型农业机械使用效率，加快老旧农机报废更新。长江中下游地区，主要涉及沪、苏、浙、皖、赣、鄂、湘 7 省（市）。重点推进水稻、油菜生产全程机械化。普及水稻种植、产后烘干机械化技术，加快油菜种植与收获机械化技术推广，推进高效植保、秸秆还田收贮、育苗移栽等机械化技术应用。巩固提升小麦生产全程机械化质量效益。大力发展设施蔬菜、饲草料与畜禽水产养殖机械化，加快引进、消化、吸收园艺作物育苗、种植、采摘机械，稳步发展农用航空。研发、推广新型植保机械和秸秆收贮加工机械，大力发展高性能联合收获机械，加快老旧农机报废更新。南方低缓丘陵区，主要涉及闽、粤、桂、琼 4 省（区）。重点推进水稻、马铃薯、油菜、花生、甘蔗生产全程机械化。普及水稻种植、产后烘干机械化技术，推进马铃薯、油菜、花生种植与收获机械化技术，突破甘蔗收获机械化"瓶颈"制约。发展设施蔬菜与畜禽水产养殖机械化，加快引进、消化、吸收园艺作物育苗、种植、采摘机械，因地制宜发展果茶桑、牧草生产机械化，推广应用小型秸秆收贮加工机械。西南丘陵山区，主要涉及渝、川、贵、云、藏 5 省（区、市）。推进丘陵山区主要粮油作物生产全程机械化和特色作物生产机械化。加快应用水稻育插秧、油菜播种与收获、产后烘干、秸秆还田收贮机械化技术，提高农产品产地初加工能力。积极推进马铃薯、青稞种植收获与甘蔗收获机械化技术。大力发展畜禽养殖业、果茶桑、草牧业和设施农业机械化，推进种养循环农业机械化发展。积极开展机耕道和机电排灌等农田基础设施建设，解决好农机下田"最后一公里"问题。推广轻便、耐用、低耗中小型耕种收机械和植保机械。推进藏区农牧业机械化实现新跨越。黄土高原及西北地区，主要涉及晋、陕、甘、青、宁、新 6 省（区）。重点加快玉米、马铃薯、棉花等作物生产全程机械化，积极推进苹果、梨、枣等林果业生产机械化，发展苜蓿等草业生产机械化。进一步提高设施农业生产水平。发展大马力、高性能农业机械，加大抗旱节水机械设备推广应用力度，扩大农用航空作业面积。

6.4 本章小结

改革开放以来，以劳动力为代表的各种农业生产要素的价格呈现不同幅度的上涨趋势，使得农业生产要素相对价格发生重大改变，进而诱导农业生产要素投入结构发生调整。本章利用 1998—2018 年中国 10 个花生主产省（市）的相关数据，通过面板数据模型实证分析劳动力价格上涨及其相对价格变化对花生生产要素投入的影响，在此基础上，利用超越对数成本函数测算各要素之间的影子替代弹性。主要得到如下研究结论：

（1）随着劳动力价格的上涨，花生生产要素投入发生着结构性转换及调适性匹配。具体表现为：劳动力价格上涨及其带来的要素相对价格的提高，促使花生生产中机械和化肥投入增加。由此说明，随着劳动力价格的持续快速上涨，我国花生生产要素调整路径在一定程度上遵循了诱致性技术变迁的轨迹，即农业机械是劳动力的替代要素。在验证了速水—拉坦诱致性技术创新理论的基础上，我们也获得了新的发现——化肥同样可以成为劳动力的替代要素，其替代机制在于，通过减少施肥次数或是提高肥料品质实现省工省时的目的。

（2）影子替代弹性的测算结果表明，机械与劳动力之间存在明显的替代关系，替代弹性呈现出先增加后下降的阶段性特征，说明近年来机械对劳动力的替代作用越来越有限。化肥与劳动力之间同样存在明显的替代关系，替代弹性数值稳步增加，说明化肥对劳动力的替代存在巨大潜力。受地形条件的约束，劳动力—机械的替代弹性存在地区差异，其中华北平原的替代弹性值最大，东北地区和长江中下游地区次之，南方低缓丘陵区和西南丘陵山区较小；具体到省（市）来说，山东省的替代弹性值最大，重庆市的替代弹性值最小。

7 | 劳动力价格上涨对农户技术采用行为的影响

纵观我国劳动力市场发展的总体格局，劳动力资源优势逐步丧失，与这一特征密切联系的现象是农村劳动力转移趋势呈现单向性（农村到城市）和选择性（年轻、男性和受教育水平高的优质劳动力），由此催生了我国农业劳动力同时存在"价"的攀升、"量"的短缺和"质"的弱化问题（胡新艳等，2016）。传统小农经济的经济学特征是劳动密集型生产，即农业生产大量依赖劳动力投入，那么面对新的劳动力禀赋条件，农民是否会改变传统精耕细作的农业生产方式？通过用相对丰富的要素替代和相对稀缺要素的技术进步两条路径，能够有效缓解资源稀缺对农业经济增长造成的冲击（刘凤芹，2006）。第 6 章基于宏观视角探讨了劳动力价格上涨对花生生产要素投入结构的影响，研究发现劳动力价格上涨会诱导我国花生生产中机械和化肥投入增加，即机械和化肥均是劳动力的替代要素。农业经济发展过程中，资本要素不断增加代表了现代技术对传统农业生产的渗透，农业技术本身并非劳动的替代品，但是却类似催化剂，同样可以补充要素的供给，起到替代要素的效果（林毅夫和沈明高，1991）。技术变革在很大程度上是由要素相对价格的长期变化趋势所引致的，如果一种要素的价格相对于其他要素价格上涨，就会引致减少这种要素相对投入量的一系列技术变迁。要素替代关系实质上揭示了农户技术选择方向，技术变革的方向倾向于节约稀缺（因而昂贵）要素，而使用充裕（因而便宜）要素（吴舒等，2020）。如果不能选择一条可以有效消除资源禀赋条件制约的发展途径，就会抑制该行业发展（吴方卫和闫周府，2018）。对于花生生产来说，农户的技术选择是否能够适应要素投入调整的方向，即劳动力价格上涨是否会诱导农户减少劳动投入转而采用省工省力的劳动节约型技术？如果农户采用劳动节约型技术，具体都包括哪些技术？不同技术选择之间有何关联，其背后决策机制是什么？除了劳动力价格，农户采用劳动节约型技术时还会受到哪些因素的影响？为回答这些问题，本章从微观农户视角，利用全国 17 个省 596 户花生种植户的调查数据，考察劳动力价格上涨对农户技术采用行为的影响机制及技术选择偏向，试图检验在劳动力价格上涨诱导下花生生产是否遵循农业诱致性技术创新理论，并对诱导机理的实现条件进行系统的论证。在人工成本居高不下的现实情况下，准确把握劳动力价格上涨对农户技术选择的影响机理，有助于明确农业技术创新的目标和推广的合理方式。

本章结构安排如下：第一节，具体介绍劳动节约型技术，包括劳动节约型机械技术和劳动节约型施肥技术；第二节，农户的基本特征与劳动节约型技术采用情况；第三节，劳动力价格上涨对农户劳动节约型机械技术采用行为影响的实证分析；第四节，劳动力价格上涨对农户劳动节约型施肥技术采用行为影响的实证分析；第五节，本章小结。

7.1　劳动节约型技术的具体选择

根据技术进步对生产要素作用的不同效果，可以将农业技术划分为"劳动节约型"和"土地节约型"两大类，其中促进对劳动进行替代的农业技术称为劳动节约型技术，促进对土地进行替代的农业技术称为土地节约型技术（Hayami & Ruttan，1985）。现有的大部分文献将劳动节约型技术等同于机械技术（罗小锋，2011；王静和霍学喜，2014），后来一些学者对其含义进行了丰富和扩展。杨宇（2012）将劳动节约型技术解释为农户同时采用品种技术和机械技术，因为只有这样才能真正有效地节省劳动投入。随着农业科技的进步和人工成本的提高，劳动节约型技术日益多元化，例如：水稻的抛秧技术（相对于传统插秧）、玉米底肥栽培（减少阶段施肥次数）等，同样可以起到减少农业生产中人工作业的作用。

结合第6章的研究发现，化肥同样可以成为劳动力的替代要素，本章将劳动节约型技术定义为那些能够在花生生产过程中减少用工量、节省劳作体能的技术，具体包括劳动节约型机械技术以及劳动节约型施肥技术两类。机械技术和施肥技术并不互相排斥，而是相互融合，这两种技术体现了现代化农业发展的两条道路。很多地区的农作经验也显示，不仅农业机械化在迅速而广泛地推进，而且生化技术也以相当快的速度在进步（刘凤芹，2006）。不过也要指出，即便这样进行细分，所选择的技术类型依旧不够全面，所得出的结论难免有一定的局限性，但是农户技术采用行为中的经济理性依旧能够清楚地反映出来。

7.1.1　劳动节约型机械技术

　　劳动节约型机械技术是指应用农机具替代劳动力完成花生主要种植环节（耕整地、播种和收获）的生产作业，农业机械装备包括拖拉机、播种机、收获机等，农户机械化作业的途径包括自家购置农业机械和购买农机社会化服务。国内外农业生产实践表明，农业机械化是农业先进生产力的代表，在一个国家或地区的农业现代化发展进程中发挥着不可替代的作用（速水佑次郎，2003；Krishnasreni & Thongsawatwong，2004）。

　　农户选择劳动节约型机械技术的首要和直接作用是对劳动力进行解放和替代，这里包含两个层次的含义：一是当劳动力成本较高时，农业机械技术的投入成本相较于劳动力的投入成本更低，此时采用农业机械技术比人工作业更划算。另外，如果考虑农业生产的季节性特点，将更进一步提高人工成本。因为农作物的播种和收获时间都较为集中，农民一般称这种集中播种或者收获时期为"双抢时节"，这个特殊时期对劳动力的需求突增，人工成本会进一步上涨。因此，理性的生产者会采用机械技术替代部分劳动力，从而起到节约成本的作用（蔡键和唐忠，2016）。试验表明，花生生产实施全程机械化平均节约作业成本 750 元/公顷、人工成本 1 650 元/公顷，增产 375 公斤/公顷，若按 5 元/公斤计算，则平均增收 1 875 元/公顷，节本增效 4 275 元/公顷（李伟和侯连民，2018）。二是对高强度重体力劳动的大规模替代，填补了由于农业劳动力投入降低留下的生产能力空缺。农业机械化有利于实现人畜力无法达到的作业效率和作业质量，可避免由生产作业或救灾不及时造成的减产，将更多的劳动力从繁重的田间生产中释放出来，为青壮年劳动力大规模脱离农业创造了条件，也为"老人农业"和"妇女农业"提供了可能，留守的老人或妇女只需要参与农业生产的主要环节，再辅以日常管理即可（焦长权和董磊明，2018；伍骏骞等，2017）。与人工作业效率相比，花生机械播种铺膜（小型轮式拖拉机配套播种铺膜机）效率可提高 20 倍以上，机械收获（挖掘机）和摘果效率可提高 40 倍以上，机械脱壳（小型脱壳机械）效率可提高 20～60 倍（秦海生，2018）。

　　实际调研发现，现阶段我国花生机械化生产存在以下制约因素：（a）农艺制度不宜机。我国花生种植模式多样，包括平作、垄作和间套作，以及春播、夏播等，且种植规模小、专业化程度低，以小农户生产为主，农机农艺融合难度大，机具的效能难以有效发挥。（b）品种不宜机。一方面花生自留种较为普遍，种子纯度净度不高、发芽率低、含杂率较高，不利于花生机械化精量播种；另一方面各地花生品种繁杂多样，但宜机化品种少，植株形状、结果范围、果柄强度、适收期长短等品种特性与适宜的机械收获要求不吻合，产品含杂率、损失率、裂荚率较高。（c）南方产区田间条件不宜机。目前平原与高原平地的花生生产机械化程度较高，而南方花生产区多为丘陵山区，田块分散且细碎，机耕道路况差导致机具下田难，有机难用。同时，花生适宜种植在质地较为松散的沙壤土上，南方黏性土质不利于机械播种和收获，播种合格率低、出苗率不高，收获时果土分离难、损失率高，机械作业效率优势难以发挥，导致适用技术及装备的研发与推广严重滞后。（d）机收、烘干和秧蔓利用难以兼顾。花生收获后干燥不及时极易导致霉变，造成黄曲霉素超标；花生荚果难以快速烘干的瓶颈问题限制了高效、省工、利于秧蔓青贮利用的机械联合收获方式的应用，特别是在油用花生的收获上，只能选择机械挖掘、人工翻晒、机械捡拾收获的分段收获方式，需要机具多进一次地、多费一道人工，且受土质、降水影响较大，同时带来秧蔓废弃、含杂率高、损失率高、扬尘污染严重的问题。（e）春花生覆膜种植带来残膜污染问题。我国一熟制地区以种植春花生为主，两熟制地区也有小麦套种春花生。春花生需要覆膜种植，机械化收获时秧膜难以分离，影响了花生秧蔓的饲料化利用，同时也带来严重的农田残膜污染问题。

以上因素导致我国花生生产机械化水平偏低、种植成本高、比较效益不显著。根据农机化统计年报，2020 年花生生产机耕率 77.4％、机播率 52.9％、机收率 46.1％，综合机械化率 60.6％，各项指标呈缓慢增长态势，但远低于谷物 80％以上的综合机械化率，机播率、机收率离国务院提出的 2025 年分别达到 65％、55％的目标还有差距。我国花生平均单产 250 公斤/亩左右，与美国接近，但机械化程度远低于美国。我国花生种植成本高、市场价格波动较大、产地烘干缺乏，农户扩大花生种植规模存在一定风险，且秧蔓综合利用率低，效益未能得到进一步的提升。由此可见，我国花生综合生产能力和产业经济效益还有很大的发展空间。

7.1.2 劳动节约型施肥技术

花生是典型的喜肥作物，对养分的要求较高，肥料是花生资本投入中仅次于农业机械的生产要素。我国 2/3 以上的花生种植在丘陵、沙土地及风沙地，土壤耕层浅、保肥保水性能差（王艳，2013），因此，施肥是提高花生产量、改善花生品质的重要措施。随着农村劳动力数量减少以及劳动力价格大幅上涨，农作物施肥方式正逐渐朝轻简化方向发展，施肥作为农业机械技术的补充，同样可以降低劳动强度、提高生产效率。参考已有研究成果（王凯等，2018）并结合实际调研情况，这里的劳动节约型施肥技术具体包括采纳水肥一体化技术和施用新型肥料产品。需要强调的是，第 6 章的研究讨论了少次多量的施肥方式也能够有效节约劳动力，其中较为典型的是播种期一次性施肥，但这不属于施肥技术进步的范畴，因此本章不做讨论。

7.1.2.1 水肥一体化技术

水肥一体化技术是将灌溉与施肥有机结合在一起的一项施肥新技术，根据作物需求对水分、养分进行综合调控和统一管理，以水促肥、以肥调水，实现水肥耦合（赵明等，2020），目前我国北方的干旱地区已经大面积应用。其具体含义是：按照作物的需水、需肥规律和特点，借助压力系统（或地形自然落差），将可溶性固体或液体肥料配兑成的肥液与灌溉水一起，均匀、准确地输送到作物根部土壤表层或直接渗入土壤中。应用水肥一体化施肥技术，需要相应的供水、供肥、自动精准灌溉施肥、灌溉管网等设施，具体组成部分包括：施肥装置、过滤装置、混肥装置等。可按照作物生长需求，进行全生育期水分和养分定量、定时按比例供应。与传统"大水大肥"方式相比，水肥一体化技术使用过程中，农民不再需要单独开展灌溉、施肥这两步工序，只需操控开关，几乎不用工；同时干燥的田间地头也控制了杂草疯长，从而将除草环节的用工量予以缩减。所以，水肥一体化技术的应用能够有效减少无效劳动，缩短劳作时间，可明显节约劳动力（王防，2020）。

现阶段，花生水肥一体化施肥技术存在的主要问题：

水肥一体化基础性研究还需要进一步深化。该项技术的应用时间还相对较短，且推广面积不大，农业科研单位对该项技术的研究还不够深入，虽然也取得了一些作物的相应技术指标，但是还不够细致，还需要进一步研究。例如，对不同区域（平原和山区等）、不同作物适宜的土壤墒情指标，田间管带铺设的间距及不同作物整个生育期适宜的喷、滴灌次数和施肥量等参数研究得还远远不够。只有掌握了这些技术参数，才能根据不同作物的不同生育阶段，确立它的浇水量和施肥量，才能形成比较完善的水肥一体化施肥技术体系。而目前这方面的研究还处于起步阶段，提升研究的深度、广度还需要一个渐进积累的过程。

土地分散承包经营占比大，影响水肥一体化施肥技术优势发挥。目前，大多数地方土地集约化经营程度低、经营散，不但种植规模较小，而且所种的作物品种也是多、乱、杂，无法统一进行田间管理。水肥一体化施肥技术只有成块连片地投入、大面积使用，才能节约成本，更好地发挥作用。

农民对该项技术的优势缺乏足够的认识。很多农村经济条件有限，一些农户经济实力较差，推广水肥一体化施肥技术的一次性投资较大，况且大部分农民的认识还上升不到节能环保层面，这些因素均在一定程度上影响了该技术的推广进程。

水肥一体化施肥技术的局限性：

设备购置和运行成本较大。该项技术需要设备较多，前期投资较大；对管理人员的要求高，需要进行专业培训，管理不善，易导致滴头堵塞；由于该技术应用时间较短，设备和专用肥料在市场上购买渠道少。

受气候环境影响较大。在干旱的季节或年份，该项技术的节水、节肥、省工、高效、高产、优质等优势可以明显发挥；如果遇到多雨时段或季节，由于土壤过湿，不需灌溉，无法通过滴灌设施来施肥，其优势将得不到发挥。

受土壤条件的影响。黏重土壤耕翻后结块多，微灌、滴灌水无法均匀渗透，也会影响施肥、灌溉的整体效果。长期应用水肥一体化施肥技术，可能会造成湿润区边缘的盐分积累，并对作物造成一定程度的限根效应。

因此，各地在应用水肥一体化施肥技术时，要结合当地具体情况灵活应用，并注意针对上述不利情况采取处置和应对措施。

7.1.2.2 新型肥料

新型肥料是相对于传统肥料而言，采用新配方或新技术制备的、能够显著增加或提高肥效的肥料新品种（冯尚善等，2020），既能够满足作物的生理营养基需要，又可以节约人工、培肥地力、减少环境污染等。按照新型肥料的组成和性质，可将其分为缓/控释肥料、商品有机肥料、生物肥料、多功能肥料四大类。结合花生施肥的实际情况，这里的新型肥料指的是较为常用的缓/控释肥料和商品有机肥料。

缓/控释肥，是指所含的氮、磷、钾养分能在一段时间内缓慢释放供植物持续吸收利用的肥料，具有养分释放期缓慢长效的特性，可以从肥料供应时间和供应强度两个方面实现供需的精准、同步。缓/控释肥具有以下优点：(a) 使用安全，由于缓/控释肥能延缓养分向根域释出，即使一次施肥量超过根系的吸收能力，也能避免高浓度盐分对作物根系的危害。(b) 省时省工，缓/控释肥常作基肥一次性施入，不需追肥，通过一次性施用就能满足作物整个生育时期对养分的需要，不仅节约劳力，而且可降低成本。(c) 提高养分效率，缓/控释肥能减少养分与土壤的相互接触，从而减少因土壤的生物、化学和物理作用导致的养分固定或分解，提高肥料利用效率。(d) 保护环境，缓/控释肥可将养分的淋溶和挥发降低到最低程度，有利于环境保护。因此，缓/控释肥日益引起人们的重视，当前世界各国都在相继开发缓/控释肥料新品种和制肥新工艺，以求降低肥料价格，达到肥料中养分的释放与土壤供肥和作物养料需求同步。

商品有机肥相比传统农家肥省去了堆沤和使用过程中的人力投入，可以直接施用于农田、操作简便，同样能起到节省劳动投入的效果。有机肥含有多种营养元素，特别是微量营养元素的重要来源，肥效持久；有机肥料在土壤中形成的腐殖酸，具有多种较强的缓冲能力，并能改善土壤结构，增强土壤蓄水保肥能力和通透性。有机肥料分解产生的有机酸和无机酸，可以促进土壤中难溶性磷酸盐的转化，提高磷的有效性。有机肥料是土壤中微生物的主要碳素能源，能促进微生物活动，特别是有利于根瘤菌的增殖，可增强其活性，增加花生的氮素供应。有机肥料的这些作用是化学肥料所不能代替的。

在环境约束日益趋紧的背景下，施用新型肥料成为促进化肥减量增效的重要手段。2007年《中共中央 国务院关于积极发展现代农业扎实推进社会主义新农村建设的若干意见》指出，要进一步优化化肥生产和施用结构，加快研发适合不同作物的专用肥和缓释肥，做到专肥专用，满足各类作物对养分的不同需求，同时延长肥效时间，与作物生育期的养分需求精准匹配，减少后期追肥量。2013年，中央1号文件提出补贴高效缓释肥料类肥料产品，并要求同时发展其他新型肥料，新型肥料的研发工作逐步启动。2015年，工信部出台《工业和信息化部关于推进化肥行业转型发展的指导意见》，要求提高化肥利用率和产品质量，大力发展新型肥料产业，推动化肥产品结构升级，提出到2020年新型肥料的施用量占化肥施用总量的30％。2018年，国务院印发《打赢蓝天保卫战三年行动计划》，要求淘汰产能落后的农化企业，促进农化企业产品转型升级，投资生产绿色环保的新型肥料。2019年，工信部规范了新型肥料的生产标准，制定了含矿物腐殖酸、海藻液、含硫酸脲复合肥料、聚合物包膜尿素等六类新型肥料的行业标准，新型肥料生产向标准化、规范化方向迈进。2020年，农业农村部办公厅印发《2020年农业农村绿色发展工作要点》，要求持续推进化肥减量增效，将化肥利用率提高至40%以上，并新增300个粮油生产大县试点，推进农企合作，实现配方肥应用比例上升和有机肥对化肥的有效替代，推广作物向园艺、经济作物倾斜，新型肥料的施用范围进一步扩大。2021年，"十四五"规划中要求以绿色作为农业高质量发展的内生动力，加快绿色新型肥料的生产施用，建立规范的新型肥料行业标准，大力发展新型复合肥；同时，大力研发可以改善土壤、提升作物品质的复合型、功能型新型肥料；优化磷肥原料结构，保障硫、磷资源供应能力。2021年，《"十四五"全国农业绿色发展规划》中提出要防治农业面源污染，持续推进化肥农药减量增效，通过推广缓释肥、水溶肥等新型肥料，实现我国农业绿色可持续发展。截至2020年，我国新型肥料生产企业数量共计6 822家，取得新型肥料登记证的肥料产品共20 598个，5年内新型肥料消费量年平均增长速度约为10%，我国新型肥料消费量在各类肥料产品消费总量中占比接近20%，新型肥料的生产、销售和推广速度不断提升。

7.2 农户的基本特征与技术采用情况

7.2.1 农户基本特征描述

表7-1列出了样本农户的基本特征。从户主个人特征来看，近95%的户主为男性，说明在农村，大部分"一家之主"依然是男性，他们牢牢掌握着家庭内部决策权；户主以中老年为主，户主50岁以上的样本约占样本总数的66%；户主的文化程度普遍不高，小学及以下约占样本总数的64%。从家庭总体特征来看，近35%的受访家庭花生种植规模在5亩及以下，近56%的受访家庭人均年收入在15 000元以下。总体而言，样本农户表现出户主为男性、年龄偏高、受教育程度较低，家庭拥有的耕地面积偏小且收入水平较低等基本特征，这与我国农业生产仍以小农为主的实际情况基本相符，因此，样本农户具有一定程度的代表性。

表 7 - 1　样本农户的基本特征

户主个体特征	选项	样本量（户）	比例（%）	家庭总体特征	选项	样本量（户）	比例（%）
性别	男	564	94.63	种植规模	5 亩及以下	206	34.56
	女	32	5.37		5.01～14.99 亩	136	22.82
年龄	40 岁及以下	12	2.01		15～29.99 亩	95	15.94
	41～50 岁	188	31.54		30 亩及以上	159	26.68
	51～64 岁	313	52.52	人均年收入	5 000 元及以下	60	10.04
	65 岁及以上	83	13.93		5 001～10 000 元	112	18.79
文化程度	小学及以下	382	64.09		10 001～15 000 元	159	26.68
	初中	113	18.96		15 001～20 000 元	178	29.89
	高中及以上	101	16.95		20 001 元及以上	87	14.60

数据来源：作者依据微观调研数据整理所得。

7.2.2　农户劳动节约型技术采用情况分析

　　表 7 - 2 展示了样本农户对劳动节约型技术采用的情况。对于劳动节约型机械技术，选取花生生产最主要的 3 个种植环节（耕整地、播种和收获）进行分析。可以看出，不同种植环节机械技术的采用率存在明显差异，其中耕整地环节机械技术的采用比例最高，为 75.5%；播种环节次之，占比为 49.5%；收获环节最低，占比仅为 39.4%。实际调研过程中，同时发现不同种植环节的机械化水平存在地区间发展不平衡的现象。其中，辽宁、山东、安徽、河北和河南机耕采用程度最高，山东、河南、河北、辽宁基本实现了播种机械化，收获环节除了山东、河南和辽宁外，其他省份的机收水平普遍不高。

　　从调查结果中可以看出，样本地区花生生产播种和收获两大环节的农机采用率偏低，尤其是收获环节，大部分地区仍依赖人工收刨或是小型简单机械（如花生挖掘犁）完成作业。选择机械化生产的农户中，大部分偏向于选择购买农机作业服务的方式而非持有农业机械的方式。当然，也还有一些农户完全靠自己耕种，不购买任何农机装备或服务，但总体数量较少。据此，这里提出一个具体的研究问题：为什么不同生产环节的农户劳动节约型机械技术采用比例会存在差异？换言之，与耕整地和播种环节相比，是什么因素阻碍了收获环节农户对机械技术的采用呢？

表 7-2　样本农户劳动节约型技术的采用情况

项目	劳动节约型机械技术			劳动节约型施肥技术	
	机耕	机播	机收	水肥一体化技术	新型肥料
频数（户）	450	295	235	102	225
百分比（%）	75.5	49.5	39.4	17.1	37.8

数据来源：作者依据微观调研数据整理所得。

对于劳动节约型施肥技术，样本农户中仅有 102 户选择了采纳水肥一体化技术，占比为 17.1%，有 225 户选择了施用新型肥料，占比为 37.8%，其中有 95 户同时选择了采纳水肥一体化技术和施用新型肥料。由此可见，样本地区农户对水肥一体化技术的采用率很低，相比之下，农户对新型肥料的采用率较高。调查过程中发现，花生施肥依旧走的是高投入高产出的"双高"模式，大部分农户是大雨大施，普遍存在浅施、表施和撒施等现象，施肥品种局限于化肥、复合肥或是单元素肥料（如尿素），肥料用量决策缺乏科学依据，通常是凭借施肥习惯或感觉、街坊邻居或化肥供应商的推荐等决定用量，由此不仅导致了肥料利用低、生产成本高，同时严重威胁了农村生态环境。农户普遍对科学施肥特别是对水肥一体化、测土配方施肥等节肥技术认识不足，只是在电视或是手机上看到过，并没有认识到科学施肥可能带来的益处。据此，这里提出另一个具体的研究问题：与劳动节约型机械技术类似，哪些因素造成了两种不同类型劳动节约型施肥技术采用比例的差异呢？

7.3　劳动节约型机械技术采用行为分析

7.3.1　花生机械化发展现状

7.3.1.1　花生与三大主粮机械化水平比较分析

劳动力价格上涨在为我国农业发展带来挑战的同时，也为农业机械化发展带来了机遇。新中国成立以来，全国农业机械的研发重点主要集中在粮食作物上，花生机械化问题直到 20 世纪 60 年代才开始得到重视。国内花生机械化生产技术无论是与发达国家还是与国内粮食作物相比均显落后，2021 年我国花生耕种收综合机械化率为 65.65%，在八大作物中居倒数第三位，仅高于油菜、马铃薯，远低于小麦、玉米、水稻、大豆、棉花。按照我国《"十四五"

全国农业机械化发展规划》，到 2025 年花生播种、收获机械化率将分别达到 65％和 55％。花生是我国极具国际竞争力的优质优势油料作物，亟待加快机械化发展，花生产业是一个实现全程全面机械化难度比较大的产业。

表 7 - 3 给出了 2008—2018 年我国花生和三大主粮之间机械化水平的比较情况。数据显示，花生综合机械化率从 2008 年的 35.8％提高到 2018 年的 59.38％，水稻综合机械化率从 2008 年的 51.15％提高到 2018 年的 80.18％，小麦综合机械化率从 2008 年的 86.54％提高到 2018 年的 95.1％，玉米综合机械化率从 2008 年的 51.78％提高到 2018 年的 85.55％。由表可知，我国花生生产机械化水平虽然在稳步提升，但是其机械化水平远远滞后于三大主粮，尤其是收获环节，尚处于发展初期。

表 7 - 3　花生和三大主粮的机械化水平（％）

年份	水稻综合机械化率	小麦综合机械化率	玉米综合机械化率	花生综合机械化率	花生机耕率	花生机播率	花生机收率
2008	51.15	86.54	51.78	35.80	53.96	29.34	18.05
2009	55.33	89.37	60.24	36.34	53.90	31.25	18.02
2010	60.51	91.26	65.94	38.45	56.56	32.86	19.89
2011	65.07	92.62	71.56	42.96	63.96	34.57	23.35
2012	68.82	93.21	74.95	46.06	66.74	38.50	26.04
2013	73.14	93.71	79.76	50.49	73.39	40.06	30.37
2014	76.48	93.52	77.66	49.97	71.90	40.73	29.97
2015	78.12	93.66	81.21	51.22	74.02	41.87	30.16
2016	79.20	94.15	83.08	52.14	72.61	43.10	33.91
2017	80.00	95.00	84.00	57.14	75.56	50.01	39.72
2018	80.18	95.10	85.55	59.38	76.65	50.98	44.76

数据来源：历年《中国农业机械工业年鉴》整理所得。

花生是典型的劳动密集型农作物，机械化生产实现难度较大，收获环节更是花生机械化发展的重点和难点。从花生不同生产环节上来看，机耕率从 2008 年的 53.96％提高到 2018 年的 76.65％，机播率从 2008 年的 29.34％提高到 2018 年的 50.98％，机收率从 2008 年的 18.05％提高到 2018 年的 44.76％。可以看出，耕整地和播种环节的机械化水平相对较高，而收获环节的机械化水平较低，造成花生生产用工量大、用工时间较为集中、作业成本高，严重降低了花生种植的经济效益。此外，花生生产对收获时间的要求严格，一旦未能在最佳收获期内完成收获，就会造成花生荚果损失增加、品质降低，极大程度上制约了我国花生产业的发展。由此也可以进一步解释上一章的结论，未来只有突破收获环节的机械技术瓶颈，农业机械对劳动力的替代水平才可能进一步提升。

表7-4显示了收获环节花生和三大主粮的机械装备水平。从2008年到2018年，花生收获机的数量从5.46万台增长到17.82万台，年均增长率为12.6%；稻麦联合收割机的数量从66.73万台增长到152.9万台，年均增长率为8.6%；玉米联合收割机的数量从4.71万台增长到53.01万台，年均增长率为27.4%。可以看出，虽然花生收获机的数量和动力保持着增长趋势，但增速远远低于玉米联合收割机，绝对值远远低于稻麦联合收割机和玉米联合收割机。

表7-4　花生和三大主粮的机械装备水平

年份	花生收获机		稻麦联合收割机		玉米联合收割机	
	数量（万台）	功率（万千瓦）	数量（万台）	功率（万千瓦）	数量（万台）	功率（万千瓦）
2008	5.46	1.74	66.73	2 568.19	4.71	133.04
2009	6.58	2.35	77.66	3 089.67	8.17	280.41
2010	7.49	3.33	86.24	3 501.78	12.97	540.54
2011	8.65	2.34	94.37	3 987.91	17.00	743.06
2012	11.19	2.95	104.55	4 535.46	23.30	1 135.08
2013	13.04	4.06	113.43	5 080.40	28.68	1 494.23
2014	13.76	5.77	122.38	5 670.68	36.04	1 971.98
2015	14.25	7.54	131.84	6 214.76	42.07	2 417.93
2016	15.07	12.14	142.83	6 955.80	47.39	2 876.13
2017	17.01	15.93	148.49	7 440.29	50.03	3 133.11
2018	17.82	35.09	152.90	7 886.05	53.01	3 446.02

数据来源：历年《中国农业机械工业年鉴》。

7.3.1.2　花生机械化收获技术

国外花生收获机械的发展起步早，美国、荷兰等国家的花生机械化收获技术较为成熟，以"挖掘晾晒＋捡拾收获"的分段收获模式为主，常见的花生收获机械为花生起挖机和捡拾收获机，其中美国的花生种植规模和机械化程度最高。花生起挖机一般由挖掘部件、输送部件、翻秧部件构成，主要实现花生秧蔓的拔起、翻动和条铺的效果，为后续的晾晒创造条件。目前国外各型花生起挖机结构相似，均为半悬挂式的铲链组合结构，在动力上大多采用液压驱动的形式。花生起挖机主要以2行为最小单元，通过并联安装方式形成多行作业能力，提高作业效率。花生捡拾收获作业在花生晾晒之后进行，捡拾收获机主要完成秧蔓捡拾、输送、摘果、清选等作业环节，最终实现花生荚果的收集。目前国外花生捡拾收获机体型大、工作效率高，适应大田的花生收获作业，同时存在结构复杂、价格昂贵的实际问题（陈亿强等，2023）。总体看来，国外的花生种植以大田为主，开发的装备也主要面向大田作业，少有丘陵山地收获需求，收获装备具有外形大、作业效率高、一体化程度高的特点。

中国花生收获机械研究经历了探索起步期（1958—1978年）、分段收获机械研发期（1979—2002年）、联合收获机主研期（2003—2011年）和两段收获机械主研期（2012年至今）四个阶段。其间，1980年引进美国Hobbs－663型2行花生起收机和Lilliston－1580型花生捡拾收获机。21世纪初期，研制出实用化的4HW系列、4H－2型花生收获机。近10年来，在国家科技项目支持下，青岛农业大学尚书旗等联合青岛万农达花生机械公司、青岛弘盛汽车配件有限公司和山东五征集团有限公司等企业成功研制了4HQL－2、4HB－2A和4HBL－4等型号花生联合收获机和4HJL－4型花生捡拾收获机，在挖掘、去土、输送、全喂入摘果和联合收获理论、技术上获得多项突破；农业农村部南京农业机械化研究所胡志超等联合江苏宇成动力集团有限公司等企业，成功研制了4HLB－2、4HLB－4型履带自走半喂入式花生联合收获机和4HLJ－8型花生捡拾收获机，在半喂入花生联合收获理论、铲拔组合起秧、摆拍去土和半喂入对辊摘果等原理和技术上获得突破；沈阳农业大学高连兴团队进行了弹齿式花生捡拾装置、花生摘果装置和花生脱壳原理研究，在花生捡拾、摘果损伤和脱壳损伤理论和技术上取得突破。如上所述，我国真正意义上的花生收获机械研发与应用主要始于21世纪初，发展历史相对较短，虽然取得一定进展但仍存在一系列问题，需要在总结经验的基础上明确今后的研究重点与发展趋势。

现阶段，我国花生收获机械化存在发展相对缓慢、发展不平衡、大中型花生收获机械推广缓慢、花生生产地域性差异显著等问题（陈中玉等，2017）。国内外在花生收获工艺上存在较大的区别，国外主要采用两段收获方式，即先挖掘晾晒、再捡拾收获。国内花生产区多样，可分为北方平原产区和南方丘陵产区，南北地域的较大差异对花生生产机械的发展方向有较大影响。国内是多种收获工艺并存的局面：北方多为平原、大田、少雨的种植条件，更倾向于两段收获工艺；南方多为丘陵、小田块、多雨的种植条件，倾向于一体化联合收获的工艺。目前的整体情况是北方花生产区的机械化程度高、机具种类多，而南方花生产区的机械化程度低、机具适应性不足。在两段式收获机具方面，国内外的发展方向也存在较大区别。国外多为大幅宽作业机具，6行和8行的挖掘装备与捡拾收获装备较为常见，适配的功率也比较高，以提高收获效率为主要目的。国内的作业机具以中小型为主，开发的作业机械多为2、4、6行，国内的花生收获机具开发需要考虑农民的购买能力，中小型机具的价格相对较低，农户接受度更高。

因此，花生生产机械的发展应适应国内的实际情况，不可照搬国外模式。我国开展丘陵山区轻简型花生收获机械研发既要凸显装备适用性、轻简型，又要提高作业高效性、精准性以及智能化水平。国外花生作业机械的成熟度和技术水平更高，我国的花生生产机械研发应该吸收国外的先进技术与经验，在种植农艺的一致性、挖掘翻秧技术、捡拾清选技术、一体化集成技术以及智能化技术方面向国外学习，提高机具的整体技术水平，开发适应国内需求的花生收获机械。

7.3.1.3 花生生产不同环节机械化的成本收益分析

农业生产不同环节机械化作业的成本收益直接影响农户在不同生产环节对机械技术的需求，成为是否采用农业机械技术替代劳动力的重要决定因素。表7-5显示了花生三大主要生产环节机械化作业与传统人工作业的成本收益对比情况（按10小时/天计算）。

表7-5　花生机械作业和人工作业的成本收益比较

类别	作业效率（亩）	作业成本（元/亩）
人工耕整地	0.5天·人	100
机耕	0.2时	72
人工播种	2天·人	200

（续）

类别	作业效率（亩）	作业成本（元/亩）
机播	0.2 时	64
人工收获	5 天·人	750
机收	0.4 时	172

数据来源：作者依据微观调研数据整理。

（1）花生耕整地情况。 若采用人工作业，每人每天 2 亩，人工作业成本为 100 元/亩（人工工资 100 元/天，2 遍）。若采用机械作业，每天可以完成 50 亩，机耕费用 70 元/亩（2 遍），需要 1 个工人辅助完成，人工成本为 2 元/亩（人工工资 100 元/天）。作业质量方面，耕整地机械种类繁多、质量可靠，可以极大地提高作业效率，减少劳动力投入，节本增效明显。

（2）花生播种情况。 若采用人工作业，每人每天 0.5 亩，人工作业成本为 200 元/亩（人工工资 100 元/天）。若采用机械作业，以 3 垄 6 行花生播种机为例，每天可以完成 50 亩，机播费用 60 元/亩，需要两个工人辅助完成，人工成本为 4 元/亩（人工工资 100 元/天）。作业质量方面，机械播种规范、覆土均匀，粒数合格率达到 95%～98%，两粒率可达 75%～85%（秦海生，2018）。

20 世纪 80 年代中后期，国内开发出可一次性完成起垄、整畦、播种、覆膜、打孔、施肥、喷除草剂等作业的花生多功能复式播种机，并在山东、河南、河北、辽宁等花生产区广泛应用。如果再算上覆膜、施肥等环节，机械作业效率相比人工作业效率将进一步提高，机械作业成本相比人工作业成本将进一步减少。

（3）花生收获情况。 若采用人工作业，每人每天仅 0.25 亩，人工作业成本为 750 元/亩（人工工资 150 元/天）。若采用机械作业，每天可以完成 25 亩，机收费用 160 元/亩，需要两个工人辅助完成，人工成本为 12 元/亩（人工工资 150 元/天）。

国内花生收获机主要形成了联合收获、两段收获等两种技术路线，围绕两种技术路线，国内逐步形成了相对完整的产品序列。联合式花生收获指一次性完成扶秧、挖掘松土、拔秧、夹持输送、抖土、摘果、清选、集果和秧蔓处理等的收获作业模式。两段式花生收获将花生收获过程分为起挖阶段和捡拾摘果两个阶段。起挖阶段主要包括：扶秧、挖掘、清土和放铺等，代表产品是花生挖掘机；捡拾摘果阶段主要是对经田间晾晒的花生，一次性完成捡拾、摘果、清选、果蔓分离和分别装箱等，代表产品是自走式花生捡拾收获机。由于经过3～5 天田间晾晒，花生的收获特性趋于一致，摘果容易，不需对垄对行收获，因此，分段式花生收获机产品适应性强，能满足各种规模的种植，美国等发达国家均采用两段收获模式。

值得强调的一点是，农业机械技术对劳动力的替代不仅体现在作业上，还可能会影响花生产量，从而影响成本收益。花生机械化收获最常见的是分段式机械收获和一段式机械收获，根据实际调研情况，分段式机收的收获损失为6％～10％，一段式机收的收获损失高达 20％以上。按花生产量为 800 斤/亩计算，则分段式机械收获的收获损失为 64 斤/亩（按收获损失为 8％计算），一段式机收的收获损失为 160 斤/亩（按收获损失为 20％计算）。按花生价格为 4 元/斤计算，则分段式机械收获的收获损失为 256 元/亩，一段式机收的收获损失为 640 元/亩。分段式机械收获还要加上过程中的人工投入成本，这样算下来，两种机械收获的效益均不太高，甚至得不偿失。对于农户来说，是否选择采用机械技术来替代劳动力是要基于除去减产损失后的经济效益考量的。

7.3.2 理论分析

农业机械是资本要素投入到农业生产中的体现，其本质就是一种劳动力节约型技术（蔡键和唐忠，2016），这就意味着面对劳动力价格上涨，理性的农户倾向于采用劳动节约型机械技术来替代劳动力。但是，农业生产能否顺利实现农业机械对劳动力的完全替代，不仅受到劳动力价格及其相对价格上涨的诱导，即受到农户对机械技术需求的影响，还取决于农业机械技术的供给。一般而言，技术供给水平是要素禀赋变化和产品市场容量共同诱致的结果（Lin，1991），这就容易导致技术供给水平在作物间和同一作物不同种植环节间体现出不均衡性及不充分性。很多学者已经证实，粮食生产中劳动力价格上涨会促使农户增加对农业机械的需求，农户通过农业机械化生产可以有效节约劳动力（林坚和李德洗，2013；钟甫宁等，2016）。但是，这种有效替代是否可以复制到实际的花生生产过程中？粮食等大田作物属于土地密集型农作物，其生产过程中暗含着一个前提条件——农业机械技术供给水平较高，这意味着在生产过程中一旦到达规模化，能够出现机械与劳动的自然替代过程，农业机械完全替代劳动力能够实现，即能够借助发达的农业机械技术或完善的农机作业服务市场完成全过程的机械化生产，此时农业机械对劳动力的替代是广泛、持续且有效的。但是，不同于粮食等大田作物，花生生产是不满足上述条件的。

由上一节花生机械化发展现状可知，花生收获环节的机械化水平远远滞后于三大主粮。一方面，完全竞争市场条件下，新技术的出现受到市场规模（或市场容量）的约束。随着劳动力价格上涨，适应较大市场规模的新技术会优先被诱导出来以获取更大的收益。由于三大主粮的市场规模较大，在花生生产过程中，耕整地环节的机械多为与三大主粮通用的农机具，与常规动力配套的深耕犁、深松机、旋耕机等机械种类繁多、质量可靠，因此，花生生产耕整地环节的机械化水平较高。除此之外，花生播种机械技术不断成熟，基本已经能够满足生产需求。另一方面，与一般谷物不同，花生植株矮小，荚果生长于地下，荚果与根茎之间通过果柄相连，收获环节需要经历起挖、清土、放铺、晾晒、捡拾、摘果、清选、剥壳等多道工序，耗时耗力、收获期短、季节性强。花生"地上开花、地下结果、土中取果"的生物与物理特性增加了机械化收获的难度和技术复杂性。一是起挖、清土时鲜湿花生果柄容易被拉断造成掉果，田间晾晒后果柄变脆，植株受力时也容易造成掉果，共同导致收获损失增加；如果土壤黏重，果土分离难，易造成带土率过高。二是我国种植的花生品种复杂繁多，植株性状不一，且不同品种生育期各异。三是花生种植范围广泛，不同区域以及同一区域内多样种植制度、栽培方式、种植模式并存。种植制度包括一年一熟、一年两熟、两年三熟等；栽培方式主要包括裸地栽培和地膜覆盖栽培两种，根据整地方法不同又可将上述两种种植方式细分为平作、垄作、高畦种植、轮作倒茬、地膜覆盖和膜下滴灌种植。花生挖掘收获机选定后，机具作业幅宽一般就固定不变，不适宜的行距会造成挖不倒、夹不住、漏收等现象。

花生的生物与物理特性对花生生产相关机械的设计研发来说尤为重要。收获环节作业的高难度提升了替代技术引入的门槛，再加上收获环节机械化作业的市场需求较小，共同限制了花生收获环节的机械技术进步，相关农机设备技术研发滞后。现有收获机械品种、规格不多，功能单一的小型机具多，存在收获机械装备生产批量小、通用性和适应性较差、质量性能不稳定、作业效率低、缺乏大中型及复式作业机械等诸多问题。另外，收获后机械配套性差，目前国内尚无经济适用、国产化、成熟的花生专用干燥设备，如果遇到阴雨天气，荚果不能及时晾晒易发生霉变，严重影响花生最终的品质和产量，农民用起来总是顾虑重重。

受到农业机械实体市场的影响，不同生产环节的农机作业服务市场也发展各异。耕整地和播种环节农机作业服务市场发育较为成熟，农机作业服务供给主体多，且服务供给覆盖范围广、容易实现跨地区作业；而收获环节农机作业服务市场发育迟缓，农机作业服务供给主体少，专业种植大户即便购置相关收获设备也较少提供对外服务和跨区作业。还有很重要的一点是，对于农户来说是否采用技术，不仅要考虑是否能够用得上，更要考虑是否用得起。前文的分析指出，耕整地和播种环节农业机械技术供给能力较强，这意味着无论是自购农机还是购买农机作业服务，机械作业成本相比日益高涨的人工成本而言都更低；对于收获环节而言，研发成本导致已有花生收获机具的市场价格偏高，农户购机总体投资大，再加上花生收获相关机械专用性强、收获损失较大、机械使用率低、农机投资回收期较长，导致农机应用成本较为高昂，综合来看机械收获未必比人工收获划算。

综上，粮食生产过程中，农业机械技术对劳动力的替代可以被视为是一个整体的替代。但是不同于粮食，花生的生物与物理特性和受此影响的不同生产环节的农业机械技术供给水平（包括农业机械实体市场和社会化服务市场的发育程度）与机械技术对劳动力替代的可行性和难易程度密切相关，因此，研究劳动价格上涨对农户劳动节约型机械技术的诱导效应有必要细分到不同生产环节。在实际花生生产过程中，劳动力价格上涨对农户劳动节约型机械技术采用行为的影响可能并非作用于全部种植环节，更多的是影响能够被机械技术所有效替代的耕整地和播种环节，而对于收获环节，这种影响受到农业机械技术供给水平的制约。

除此之外，农户机械技术的采用行为还会受到农户资源禀赋、农机市场环境等其他诸多因素的影响。理论上讲，机械是典型的劳动替代型要素，家庭劳动力越多，农户选择机械技术的概率越低。由于农业机械与土地之间存在一定的互补关系（蔡键和唐忠，2016），农地经营规模越大，农户选择机械技术的概率越高。此外，作为经济理性人，农机作业的成本收益同样是农户考虑的重要因素，作业成本上升、乱收费等问题会严重制约农户对机械技术的选择。

7.3.3 模型设定与变量选择

7.3.3.1 模型设定

农户是否采用劳动节约型机械技术属于典型的二元选择问题，较为常用的计量分析方法是 Logit 模型或者 Probit 模型。从实际调查结果来看，农户在花生生产过程中不同种植环节的机械化微观行为选择是有差异的，有条件的情况下，农户一旦决定采用机械技术，往往会同时在多个种植环节采用机械技术，且不同种植环节之间并不相互排斥，所以简单的 Probit 模型或 Logit 模型不再适用。因此，这里选用能够处理多个二元选择问题的 Mvprobit（Multivariate Probit）模型，实证分析劳动力价格上涨对农户不同种植环节劳动节约型机械技术采用行为的影响。其一般形式为：

$$y_{1i} = \beta_1' x_{1i} + \varepsilon_{1i}$$
$$y_{2i} = \beta_2' x_{2i} + \varepsilon_{2i}$$
$$\vdots \qquad\qquad (7-1)$$
$$y_{mi} = \beta_m' x_{mi} + \varepsilon_{mi}$$

对于被解释变量而言，方程可以设定为：

$$y_m = \begin{cases} 1 & \text{if } y_m^* > 0 \\ 0 & \text{otherwise} \end{cases}, \ m=1, \ 2, \ \cdots, \ m \qquad (7-2)$$

（7-1）式、（7-2）式中，$y_m = 1$ 表示农户在 m 环节采用劳动节约型机械技术，m 表示第 m 个种植环节。x_{mi} 为自变量，表示农户劳动节约型机械技术采用行为的影响因素。β_m 表示影响因素的回归系数，ε_{mi} 为服从多元正态分布的误差项，各均值为 0、方差为 1。

区别于二元选择模型采用最大似然估计方法，Mvprobit 模型在估计时采用模拟的最大似然估计方法，除了汇报同时估计的各个方程的回归结果，还自带一个似然比检验，通过似然比检验可以判断花生生产不同种植环节农户机械技术选择决策是否相互独立。

通过构造交叉项的方法检验约束条件对劳动力价格上涨的技术采纳诱导效应的影响。将农业机械技术供给水平设计为一个虚拟变量，表示满足约束条件和未满足约束条件。使农业机械技术供给水平和劳动力价格相乘构造交叉项并将其放入回归模型中，通过交叉项系数的显著性判断预期假设是否成立，交叉项的回归系数直接反映了该调节变量调节效应的大小。

7.3.3.2 变量选择

(1) 劳动力价格及其测度。 以往研究大多选用家庭劳动日工价和雇工工价来衡量农村劳动力价格的变化（郑旭媛和徐志刚，2016），但是，家庭劳动日工价是根据年收入计算得来的，与劳动力市场无关（钟甫宁，2016），因此，这里选用花生生产的雇工工资作为劳动力价格的代理变量。

花生生产的雇工工资存在较大波动，主要有两方面原因：一是受到农业生产季节性的影响，农忙时期对劳动力的需求远远大于农闲时期，使得雇工常常发生在农忙季节；二是不同种植环节所需的劳动强度各异，收获环节的用工量明显多于其他环节，使得收获环节的雇工工资要明显高于其他环节。因此，这里用农忙时节的雇工工资来衡量劳动力价格，雇工工资以耕整地、播种和收获环节的用工量为权重，通过加权平均得到。考虑到内生性问题和没有外出务工农户的机会成本，最终用村庄层面除样本农户外的花生雇工工资作为劳动力价格的代理变量，这种村级层面的处理更能够体现劳动力价格对单个农户家庭来说呈现出一种外生性的冲击（杨进和陈志钢，2016）。具体计算公式如下：

$$lab\_price_{j,i} = \frac{1}{m} \times \sum_{i=1}^{m} \left[\frac{\sum_{n=1}^{3} lab_{i,n} \times price_{i,n}}{\sum_{n=1}^{3} lab_{i,n}} \right] \qquad (7-3)$$

（7-3）式中，i 表示第 i 个样本农户，j 表示样本农户 i 所处的第 j 个自然村，m 表示该自然村内的总样本数，n 表示花生各种植环节，$lab_{i,n}$、$price_{i,n}$ 表示样本农户 i 在第 n 个种植环节的劳动力投入数量及相应的雇工工资。

(2) 控制变量的引入。 结合前面的理论分析，这里选择户主个人特征、生产经营特征和农机市场特征三类变量作为影响农户劳动节约型机械技术采用行为的控制因素。其中，户主个人特征包括户主的性别、年龄、文化程度 3 个变量。生产经营特征包括家庭的劳动力数量、种植面积、土地细碎化 3 个变量。农机市场特征包括农机作业服务以及农机作业费，该指标用于反映农户所在地区农业机械技术的供给和需求。此处说明两点：一是将自购农机的情况通过折算统一转化为购买农业机械作业服务，现在的农机社会化服务市场属于供给方市场，自购农机的农户通常会提供农机作业服务来获取收益，农机作业费用越高，农户对农机作业的需求越低；二是因生产环节不同，选择不同的具体指标纳入回归方程进行分析。

各变量的定义和描述性统计结果见表 7-6。

表 7-6 劳动节约型机械技术模型变量的定义与赋值

变量名称	定义及赋值	均值	方差
被解释变量			
机耕技术	耕整地环节是否采用机械作业？是=1，否=0	0.76	0.43
机播技术	播种环节是否采用机械作业？是=1，否=0	0.49	0.50
机收技术	收获环节是否采用机械作业？是=1，否=0	0.39	0.49
核心解释变量			
劳动力价格	雇工工资（元/日）	191.22	17.74
户主个人特征			
性别	户主的性别？男=1，女=0	0.95	0.23
年龄	户主的实际年龄（岁）	54.46	8.12
文化程度	户主的受教育年限（年）	6.27	3.42
生产经营特征			
劳动力数量	家庭劳动力总数（人）	4.86	2.11
种植面积	花生种植面积（亩）	22.95	36.21
土地细碎化	实际耕种的地块数量（块）	4.95	2.28
农机市场特征			
机耕作业服务	耕整地环节是否有农机作业服务组织？是=1，否=0	0.94	0.24
机播作业服务	播种环节是否有农机作业服务组织？是=1，否=0	0.84	0.36
机收作业服务	收获环节是否有农机作业服务组织？是=1，否=0	0.42	0.49
机耕作业费用	机耕社会化服务费用（元/亩）	70.09	18.69
机播作业费用	机播社会化服务费用（元/亩）	60.03	14.17
机收作业费用	机收社会化服务费用（元/亩）	162.17	24.89

7.3.4 估计结果分析

表 7-7 汇报了劳动力价格上涨对花生生产三个主要种植环节中农户劳动节约型机械技术采用行为影响的估计结果，为了检验约束条件对劳动力价格上涨的技术采纳诱导效应的影响，同时汇报了含有劳动力价格和农业机械技术供

给水平交叉项的估计结果。

为了在模拟过程中得到稳健的回归结果，Mvprobit 模型实证估计时随机抽取次数需要稍大于样本量的算术平方根（Cappellari & Jenkins，2003），根据这一原则设定抽取次数为 25 次。似然比检验显示，Chi^2（3）＝33.458 5，且在 1% 的水平上显著，说明利用 Mvprobit 模型是有必要的，劳动力价格上涨对农户在不同种植环节上技术选择决策的影响并非相互独立，而是存在一定的相关性。

表 7-7　劳动力价格上涨对劳动节约型机械技术采用行为影响的估计结果

项目	耕整地	播种	收获
关键变量			
劳动力价格	0.054 6***	0.052 2***	−0.010 1
	(0.006 8)	(0.006 95)	(0.011 1)
劳动力价格×农机技术供给	−0.000 115	−0.000 299	0.018 3***
	(0.001 61)	(0.001 32)	(0.003 47)
控制变量			
性别	1.163***	1.141***	−0.24
	(0.276)	(0.268)	(0.434)
年龄	0.024 1**	0.010 7	−0.016 7
	(0.010 4)	(0.010 8)	(0.017 9)
文化程度	−0.033 1	−0.008 36	0.022 1
	(0.024 3)	(0.025)	(0.040 1)
劳动力数量	−0.061 1	−0.381***	−0.217*
	(0.040 4)	(0.055 4)	(0.118)
种植面积	0.051 6***	0.090 8***	0.037 7***
	(0.011 9)	(0.010 2)	(0.01)
土地细碎化	−0.141**	−0.497***	−0.35***
	(0.058 4)	(0.082 6)	(0.077 4)
农机作业费用	0.000 39	−0.001 73	−0.006 46**
	(0.004 27)	(0.005 28)	(0.002 66)
常数项	−11.26***	−8.77***	2.756
	(1.436)	(1.423)	(2.756)

（续）

项目	耕整地	播种	收获
atrho21		0.252** （0.116）	
atrho31		0.557*** （0.175）	
atrho32		1.38*** （0.412）	
Chi² （3）		33.458 5***	

注：***、**和*分别表示在1%、5%和10%水平上显著，括号内为稳健标准误。

（1）关键变量对农户劳动节约型机械技术采用的影响。回归结果显示，在耕整地和播种两个回归方程中，劳动力价格对农户采用劳动节约型机械技术产生了显著的正向影响，且通过了1%的显著性检验；而收获回归方程中，劳动力价格对农户采用劳动节约型机械技术具有负向影响但不显著。根据劳动力价格变量前面的系数可知，劳动力价格上涨对不同种植环节农户劳动节约型机械技术采用行为的影响存在差异，在耕整地和播种环节，劳动力价格上涨会促使农户采用劳动节约型机械技术，而在收获环节，劳动力价格的高低并不会对农户劳动节约型机械技术采用行为造成显著影响。

观察交互项系数可知，农业机械技术供给约束条件下劳动力价格上涨对农户劳动节约型机械技术采用行为的影响。在耕整地和播种两个回归方程中，劳动力价格与农机技术供给虚拟变量交互项的系数不显著；而在收获回归方程中，劳动力价格与农机技术供给虚拟变量交互项的系数为正，且在1%的水平上显著。上述结果说明，劳动力价格上涨对收获环节农户劳动节约型机械技术采用行为的促进作用明显受到农业机械技术供给水平的影响，在农机社会化服务体系健全的地区，农户在该环节采用机械技术的概率显著上升。农业机械技术供给水平是导致劳动价格上涨诱导下不同种植环节农户技术选择产生差异的重要因素。

综上，农业机械技术对劳动力的替代效应产生差异的主要原因在于不同种植环节之间农业机械技术供给水平的不均衡。对于耕整地和播种环节，农业机械技术供给能力较强，农户可以很容易购买到质量好、效率高且成本低的农机具或是农机作业服务，农业机械化生产切实可行。因此，面对劳动力价格的持续快速上涨，延续传统的依赖大量劳动投入的生产方式会大大增加农户生产成本，农户选择农机作业有利可图。通过机耕和机播技术，可以有效弥补劳动力数量不够和体力不足，短时间内完成大范围的田间作业，大幅提高生产效率，使农业生产变得日益轻松和便利。但是对于收获环节来说，相关农机装备技术研发滞后，收获机械技术供给不足，即市场上缺少质量高、性能好、先进适用、价格合理的收获机具或是相应的收获作业服务，短期内机械及技术进步无法满足实际生产要求，导致农户选择农业机械作业存在阻碍，机械技术对劳动的替代能力有限。所以，受到农业机械技术供给水平的刚性约束，劳动力价格上涨难以对收获环节农户的技术采用行为产生有效的诱导作用。

（2）控制变量对农户劳动节约型机械技术采用的影响。估计结果显示，性别对耕整地和播种环节农户机械技术采用行为均具有显著的正向影响，年龄仅对耕整地环节农户机械技术采用行为存在显著的正向影响。劳动力数量对播种和收获环节农户机械技术采用行为均具有显著的负向影响。劳动力是决定农户是否使用以及何种程度上使用农业机械的最积极能动的要素禀赋，农户家庭拥有的农业劳动力数量越多，越有可能选择人工作业，即选择机械技术的可能性越小。种植面积对三个种植环节农户机械技术采用行为均表现出显著的正向影响。经营规模越大，带来的规模经济效益越高，农户越倾向于采用先进的农业生产技术或生产方式。土地细碎化对三个种植环节农户机械技术采用行为均表现出显著的负向影响。土地分配时通常会考虑位置远近、地力好坏等诸多因素，使得农户家庭得到的耕地多为分散的小地块。土地细碎化是农业资本化的约束条件（胡雯等，2019），土地细碎化会增加农户获得农机作业服务的搜寻成本或价格，减少农户对农机作业服务的需求（纪月清和钟甫宁，2013）。农机作业费用对收获环节农户机械技术采用行为具有显著的负向影响。农机社会化服务作为一种商品，同样遵循需求与价格关系的一般规律，农机作业费用越高，农户选择农机作业的可能性越小，这也符合农户作为理性经济人的行为决策逻辑。

7.4 劳动节约型施肥技术采用行为分析

7.4.1 理论分析

花生属于典型的喜肥作物，肥料是花生资本投入中仅次于农业机械的生产要素。花生的栽培模式以连作为主，生产过程中还伴随着大量甚至过量施用化肥。这不仅造成了资源浪费，也对花生产量、品质、土壤生态环境、养分利用效率等方面产生了一系列负面影响。如何在提高肥料利用效率的同时减少化肥投入并维持产量是花生生产管理的重要内容。上一节的研究指出，目前花生生产中农业机械替代劳动力处于瓶颈阶段，在短期内无法实现全程机械化的情况下，通过生物化学技术创新给农民提供更大程度的生产灵活性显得更有意义，理性的农户会在施肥环节尽可能寻求可以消除劳动力需求瓶颈或者减少瓶颈阶段劳动力需求的生产技术。这种决策更多是基于提高花生产量或是提升花生品质以获取更高的收益，进而缓解劳动力价格上涨所产生的不利影响的考量，而非传统意义上农业机械对劳动力的替代。随着农业科技的快速进步和现代工业的不断发展，施肥方式发生了较大的转变和改进，产生了水肥一体化、分层施肥等新技术，为了匹配现代施肥方式，水溶肥、缓/控释肥等新型肥料产品不断涌现。上一节的研究同时也指出，劳动力价格上涨对农户劳动节约型机械技术采用行为的诱导效应受到农业机械技术供给水平的刚性约束，那么，劳动力价格上涨是否会诱导农户采用劳动节约型施肥技术，诱导效应的实现是否需要满足一定的前提条件？

水肥一体化技术和新型肥料作为两种不同的劳动节约型施肥技术，具有各自的属性特征，导致推广应用过程中不同技术的收益水平、技术风险以及对资源的依赖程度存在差异，最终影响农户的技术采用决策。采纳水肥一体化技术属于长期投资行为，前期一次性设备投入大，操作门槛较高。相比之下，施用新型肥料属于短期投资行为，投入成本较低、即时见效且操作简单，农户占据一定的主动权。中国农村社会中小农经济一直占据着主导地位，农业生产中农民追求更多的是生存理性，对应的行动逻辑是低风险、小损失和求稳定（李博和左停，2017）。因此，从农户自身角度出发，劳动力价格上涨会诱导农户优先选择以施用新型肥料为代表的劳动节约型施肥技术。尽管采纳水肥一体化技术在远期收益、解放劳动力等方面拥有可期待的效果，但是因技术应用的成本高昂，农户几乎不愿意主动实施且难以独立实施。

农户不仅是"理性人"，同时也是"社会人"，在两种角色共同作用下农户做出最优的行为决策。在市场经济体制下，先进农业技术的普及和推广有政府和市场两种力量推动（周曙东等，2003）。不同农技推广组织的内外部特征导致它们在农业科技及相关服务的供给上存在显著差异，这些差异直观地反映在农户的应用行为上。水肥一体化技术不单单能为花生生产带来经济效益，对生态环境保护与农业可持续发展也尤为重要，特别是可以缓解北方农区（如华北地下水漏斗区）对水资源的消耗。因此，水肥一体化技术可以被视为公共物品或准公共物品，具有显著的公共性、基础性和社会性。但是，短期内技术采纳的私人成本与社会成本不一致，导致水肥一体化技术的推广很困难，理性的农户不可能在新技术采纳上追加大额投资。想要短期内提升技术进步对整个农业生产的社会福利，资本积累是必不可少的，而最好的资本来源（供给者）是不以追求私利为出发点的政府，政府提供的资金可以有效实现公益目标，尤其是为技术扩散提供行之有效的政策配套和供给，这些是私人资本难以完成的（尚旭东等，2019）。因此，政府的相关支持政策是使农业生产技术外部性内部化的有效手段，会改变农户生产决策的约束条件，是农户新技术采纳的强决定因素。目前，水肥一体化技术通常是由农技推广系统在公益性运行机制下执行，虽然农户是新技术的被动接受者，但也是政策受益者，大多数农户可以无偿采纳新技术或是得到政府提供的补贴。不同于水肥一体化技术，新型肥料产品已经完成了农业技术的物化过程，在一定程度上可视为私人产品，具有排他性和竞争性，通常是由市场直接来提供。

综合上文分析，在不考虑外界因素的情况下，面对劳动力价格上涨，农户更倾向于施用新型肥料来节约劳动力，但农户采用水肥一体化技术还需要政府的引导、扶持。政府补贴可以有效放宽农户生产决策的资金约束，减少农户技术采纳可能带来的适用性风险和经济风险，对农户的技术采纳行为产生积极的干预效应。上述逻辑揭示了劳动力价格上涨对农户劳动节约型施肥技术的影响（图7-1）。

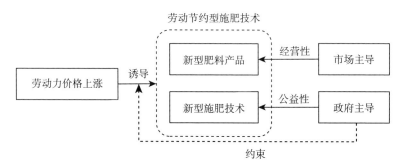

图7-1　劳动力价格上涨对农户劳动节约型施肥技术的影响

7.4.2　模型设定与变量选择

7.4.2.1　模型设定

农户是否采纳水肥一体化技术和农户是否施用新型肥料这两个决策不一定相互独立，某些不能观测的因素会同时影响农户对这两种行为的路径选择，因此随机扰动项之间可能相关。由此可得到 4 种结果，即"同时采纳水肥一体化技术和施用新型肥料""仅采纳水肥一体化技术""仅施用新型肥料""既不采纳水肥一体化技术，也不施用新型肥料"。调查数据表明，采纳水肥一体化技术的农户中有 91.9% 的农户也选择了施用新型肥料，施用新型肥料的农户中有 77.8% 的农户也选择了采纳水肥一体化技术。因此，这里建立允许扰动项相关的双变量 Probit 模型实证分析劳动力价格上涨对农户劳动节约型施肥技术采用行为的影响。模型具体形式如下：

$$\begin{cases} y_1^* = \alpha_1 + \beta_{11}X_1 + \beta_{12}X_1 \times X_2 + \beta_{13}Z_i + \varepsilon_1 \\ y_2^* = \alpha_2 + \beta_{21}X_1 + \beta_{22}X_1 \times X_2 + \beta_{23}Z_i + \varepsilon_2 \\ E(\varepsilon_1) = E(\varepsilon_2) = 0 \\ var(\varepsilon_1) = var(\varepsilon_2) = 1 \\ cov(\varepsilon_1, \varepsilon_2) = \rho \end{cases} \quad (7-4)$$

（7-4）式中，y_1^* 与 y_2^* 为不可观测的潜变量，y_1 与 y_2 是最终的结果变量，作为被解释变量。若农户采纳水肥一体化技术，则 $y_1 = 1$，反之则 $y_1 = 0$；若农户施用新型肥料，则 $y_2 = 1$，反之则 $y_2 = 0$。X_1 为劳动力价格，Z_i 为控制变量。X_2 为政府补贴，引入劳动力价格与政府补贴的交互项，通过交互项的显著程度，判断在有无政府补贴条件下劳动力价格上涨对农户劳动节约型施肥技术采用行为的影响。α_1、α_2、β_{11}、β_{12}、β_{13}、β_{21}、β_{22}、β_{23} 为相应的待估计参数，扰动项（ε_1，ε_2）服从二维联合正态分布。ρ 是 ε_1 和 ε_2 的相关系数。当 $\rho = 0$，模型中的两个方程等价于两个单独的 Probit 模型；当 $\rho \neq 0$，可用双变量 Probit 模型对 y_1 和 y_2 的取值概率进行最大似然估计，若 $\rho > 0$，y_1 和 y_2 呈现互补效应，若 $\rho < 0$，y_1 和 y_2 呈现替代效应。

7.4.2.2　变量选择

（1）关键变量。 包括劳动力价格和劳动力价格与政府补贴的交互项，本节沿用上一节花生生产的雇工工资作为劳动力价格的代理变量。

（2）控制变量的引入。 结合前面的理论分析，这里选择户主个人特征、生产经营特征和外部环境三类变量作为影响农户劳动节约型施肥技术采用行为的控制因素。其中，户主个人特征选取了户主的性别、年龄、文化程度 3 个变量，生产经营特征选取了家庭的劳动力数量、种植面积、养殖状况 3 个变量，外部环境选取了政府补贴、购买经历、培训指导 3 个变量。

政府补贴是指政府部门对农户采用水肥一体化技术给予的投入或补贴。对各水肥一体化技术推广村进行实地调研了解到，地方政府通常会免费或是以补贴的形式为农户提供滤动罐、主管路、支管线、地膜等设备安装、铺设服务，尽可能消除了技术推广的资金门槛，激励农户采用水肥一体化技术。

各变量的定义和描述性统计结果见表 7-8。

表 7-8 劳动节约型施肥技术模型变量的定义与赋值

变量名称	定义及赋值	均值	标准差
被解释变量			
是否采纳水肥一体化技术	是＝1，否＝0	0.38	0.49
是否施用新型肥料	是＝1，否＝0	0.17	0.38
核心解释变量			
劳动力价格	雇工工资（元/日）	191.22	17.74
户主个人特征			
性别	户主性别？男＝1，女＝0	0.95	0.23
年龄	户主实际年龄（岁）	54.46	8.12
文化程度	户主受教育年限（年）	6.27	3.42
生产经营特征			
劳动力数量	家庭劳动力总数（人）	4.86	2.11
种植面积	花生种植面积（亩）	22.95	36.21
养殖状况	是否养殖畜禽？是＝1，否＝0	0.51	0.50
外部环境			
政府补贴	是否有技术补贴？补贴＝1，未补贴＝0	0.32	0.47
购买经历	是否购买过劣质肥料？是＝1，否＝0	0.24	0.43
培训指导	是否接受过科学施肥的培训或指导？是＝1，否＝0	0.35	0.48

7.4.3 估计结果分析

表 7-9 汇报了劳动力价格上涨对农户劳动节约型施肥技术采用行为影响的估计结果。将劳动力价格和政府补贴的交叉项放入模型进行回归，以检验政府补贴条件下劳动力价格上涨对农户水肥一体化技术采用行为的影响。总体来看，模型拟合程度较好，大多数变量通过了显著性检验。Wald 检验显示，模型拒绝 $\rho = 0$ 的原假设，且在 1% 的统计水平上通过了显著性检验，说明有必要使用双变量 Probit 模型。农户是否采纳水肥一体化技术和是否施用新型肥料这两种选择是相互影响的，具有较强的互补性，即采纳水肥一体化技术的农户同时施用新型肥料的可能性大于未采纳水肥一体化技术的农户，反之亦然。

表 7-9　劳动力价格上涨对劳动节约型施肥技术采用行为影响的估计结果

项目	新型肥料	水肥一体化技术
关键变量		
劳动力价格	0.027 5*** （0.004 4）	0.000 538（0.004 32）
劳动力价格×政府补贴	−0.000 354（0.000 704 ）	0.002 47***（0.000 801）
户主个人特征		
性别	0.010 8（0.257）	0.661*（0.359）
年龄	0.014 5**（0.006 96）	−0.006 56（0.010 2）
文化程度	0.151***（0.021 2）	0.18***（0.028 3）
生产经营特征		
劳动力数量	−0.060 2*（0.031 3）	−0.069 2（0.044 3）
种植面积	0.001 62（0.001 88）	0.005 67**（0.002 51）
养殖状况	−0.465***（0.123）	−0.152（0.154）
外部环境		
购买经历	−0.438***（0.164）	−0.130（0.169）
培训指导	0.183（0.13）	0.918***（0.162）
常数项	−6.891***（0.986）	−3.113***（1.023）
Wald 检验（H_0：$\rho=0$）	chi2 (1) =69.507　Prob＞chi2=0.000 0	
Athrho	1.057***（0.127）	

注：*、** 和 *** 分别表示在 10%、5% 和 1% 的水平上显著，括号内为稳健标准误。

（1）关键变量对农户劳动节约型施肥技术的影响。 回归结果显示，劳动力价格对农户施用新型肥料有正向作用，且通过了 1‰ 的显著性检验；劳动力价格对农户采纳水肥一体化技术有正向作用但不显著。根据劳动力价格变量前面的系数可知，劳动力价格上涨会促使农户选择以施用新型肥料为代表的劳动节约型施肥技术来节约劳动力投入，而对同样可以节省劳动力的水肥一体化技术采用并未造成显著影响。一方面，施用新型肥料可以作为替代劳动力的一条有效途径，起到节约花生生产人工作业的作用；另一方面，农户施用新型肥料受规模和资金约束相对较小，操作简单、见效快，农户拥有一定的主动权。因此，随着劳动力价格的持续快速上涨，农户倾向于选择以施用新型肥料为代表的劳动节约型施肥技术。

观察交互项系数可知，政府补贴约束条件下劳动力价格上涨对农户劳动节约型施肥技术采用行为的影响。在新型肥料回归方程中，劳动力价格与政府补贴虚拟变量交互项的系数不显著，而水肥一体化技术回归方程中，劳动力价格与政府补贴虚拟变量交互项的系数为正，且在 1‰ 的水平上显著。这一结果直接说明了劳动力价格上涨对农户水肥一体化技术采纳行为的影响与政府补贴有关。投入成本是农户决策时最直观的考虑因素，相比购买新型肥料，采纳水肥一体化技术需要更多的资金投入，对于大多数农户来说是难以负担的。虽然劳动力价格上涨为劳动节约型施肥技术提供了广阔的需求空间，农户却更倾向于能力范围内能够选择的施用新型肥料来节约劳动力。但是，政府补贴属于转移性支付，能够缓解农户的资金约束，减轻农户的投入负担，有效降低农户对水肥一体化技术的采纳成本，从而引导农户对该技术进行选择。相反，如果没有政府补贴，即便应用水肥一体化技术拥有远期收益、生态效益、节约劳动力等诸多优势，农户还是缺乏采纳动力，他们宁可采用大水大施的生产方式。

（2）控制变量对农户劳动节约型施肥技术的影响。 估计结果显示，性别对水肥一体化技术采用具有显著正向影响。一般男性的风险意识高于女性，对新技术的接受能力较强，更易于采纳相对复杂的水肥一体化技术。年龄对新型肥料采用存在显著正向影响。新型肥料相比普通肥料来说省力省肥，又比水肥一体化技术投资少、见效快、操作容易，户主年龄越大，身体状况可能越差，相比之下施用新型肥料的意愿就越强烈。文化程度同时显著正向影响新型肥料和水肥一体化技术，且均在 1‰ 的水平上显著。户主受教育水平越高，对新事物的学习能力越强，尝试并接受新品种、新技术的可能性越大。劳动力数量对新型肥料采用存在显著负向影响。对家庭内部劳动力数量多的农户而言，理性选择是劳动密集型的生产方式,即通过精耕细作实现利润最大化。种植面积对水肥一体化技术采用具有显著正向影响。采纳水肥一体化技术相比改变肥料品种具有较高的规模门槛,实际调研中发现,部分地区要求种植规模达到 30 亩才可以使用水肥一体化技术。养殖状况对新型肥料采用具有显著负向影响。牲畜粪便提供了可得性强且成本低的农家肥,农户通常用来肥田并减少其他肥料投入,既解决了畜禽粪便的污染问题,又改良了土壤结构。购买经历对新型肥料采用存在显著的负向影响。由于优质肥料的利润空间较小,肥料生产企业为了追求自身利益,可能会售卖质量不达标或是肥效较差的肥料,农户一旦有过买到劣质肥料的受骗经历,就会对商家产生极大的不信任,可能通过口碑效应使周围农户降低购买热情。培训指导对水肥一体化技术采用有显著正向作用。培训指导作为一种非正规教育,传授的知识更具针对性和时效性,有助于增加农户对水肥一体化技术的了解和认可,降低农户信息搜寻成本。

7.5　本章小结

随着劳动力价格上涨和现代农业科技的快速发展,传统依赖大量劳动投入的生产方式将会被逐步淘汰,农户在花生生产各环节都迫切寻求省工省力的农业生产新技术。本章利用花生种植户微观调查数据,将劳动节约型技术细分为劳动节约型机械技术和劳动节约型施肥技术,深入探讨了劳动力价格上涨对两种不同类型劳动节约型技术采用行为的影响,并引入农业机械技术供给水平和政府补贴作为约束条件,对不同约束条件下诱导效应的差异进行理论解释。主要得到如下研究结论:

(1)劳动力价格上涨会诱导农户在耕整地和播种环节采用劳动节约型机械技术,而收获环节的诱导效应则受到农业机械技术供给水平的刚性约束。 劳动力价格上涨对农户机械技术采用行为的影响存在生产环节异质性,主要原因在于不同生产环节之间农业机械技术供给水平不均衡。相比之下,耕整地和播种环节的农业机械技术供给能力较强,农户可以很容易购买到质量好、效率高且成本低的农机具或农机作业服务,通过机耕和机播技术实现对高强度重体力劳动的替代;花生的生物和物理特征限制了收获环节的机械技术进步,农业机械实体市场和农机作业服务市场均发育迟缓,市场上缺少质量高、性能好且价格合理的收获机械或相应的作业服务。除此之外,耕整地环节农户采用机械技术还受到性别、年龄、种植面积和土地细碎化的显著影响，播种环节农户采用机械技术还受到性别、劳动力数量、种植面积和土地细碎化的显著影响，收获环节农户采用机械技术还受到劳动力数量、种植面积、土地细碎化和农机作业费用的显著影响。

（2）劳动力价格上涨会诱导农户选择以施用新型肥料为代表的劳动节约型施肥技术，但是在有政府补贴的条件下，同样可以促进农户选择以水肥一体化技术为代表的劳动节约型施肥技术。新型肥料和水肥一体化技术作为两种不同的劳动节约型施肥技术，具有各自的属性特征。新型肥料已经完成了农业技术的物化过程，可将其视为私人产品，具有排他性和竞争性，施用新型肥料属于短期投资行为，投入成本较低、即时见效且操作简单，农户占据一定的主动权。相比之下，水肥一体化技术属于长期投资行为，一次性投入大、操作门槛高，同时存在不确定性；但是，由于其具有公共性、基础性和社会性，可被视为公共物品或准公共物品，政府在其推广应用过程中发挥着重要作用。政府补贴属于转移性支付，能够有效降低农户的技术采纳成本，是农户技术选择行为的强决定因素。除此之外，农户施用新型肥料还受到年龄、文化程度、劳动力数量、养殖状况和购买经历的显著影响，农户采纳水肥一体化技术还受到性别、文化程度、种植面积和培训指导的显著影响。

8 | 劳动力价格上涨对农户花生种植决策的影响

　　第 6 章和第 7 章的研究发现，农户可以通过增加资本投入以及采用劳动节约型技术来缓解劳动力价格上涨对花生生产带来的不利影响，这是否就意味着农户会放心地继续种植花生？劳动力价格上涨势必会影响农户家庭的农业生产经营决策，特别是对劳动力依赖程度较大的花生生产。面对劳动力价格的持续快速上涨，农户是否会调整花生种植决策？农户的种植决策包括"种什么""种多少""怎么种"等很多方面，粮食生产中应对劳动力成本上升的农户种植决策主要集中在调整种植结构，即重新配置不同作物的种植比例，选择生产蔬菜、水果等高附加值产品。但是不同于粮食等大田作物，花生生产具有特殊性，花生属于耐瘠作物和旱作物，大部分生长在土质较差的边角地或沙地，使得花生用地的专用性程度很高，其替代作物以粮、棉为主。受到产品替代的技术条件和经济条件限制，本章所讨论的种植决策指的是花生种植面积的调整行为。在农村劳动力大量持续转移的过程中，我国农户分化迅速深化。小部分农户在现代农业发展中脱颖而出，成长为规模化、集约化、商品化的新型农业经营主体，如种植大户、家庭农场等，他们拥有较大的生产经营规模，以务农为生；大部分农户则逐步演变为以农为主或以农为辅乃至全盘非农化的普通农户，他们拥有较小的生产经营规模（姜长云，2015）。不同经营规模农户在现代农业经营体系中扮演着不同角色和其行为差异在学术界已达成共识（郭庆海，2018；钟真，2018）。其中很重要的一点就是劳动力资源的差异，小农户从事农业生产主要依靠家庭自有劳动力，而规模户则主要依靠雇工。因此，劳动力价格上涨究竟会对农户的花生种植决策产生怎样的影响？这种影响在不同经营规模农户之间是否一致？如果存在差异，其背后的影响机制又是什么？为了揭示这些问题，本章以农户经营规模分化为切入点，利用全国 17 个省 596 户花生种植户的调查数据，从花生种植面积的调整意愿和调整规模两个方面深入考察劳动力价格上涨对农户花生种植决策的影响，试图解释其背后的作用机理，厘清为应对劳动力价格上涨不同经营规模农户种植面积调整变化之间存在的关系。

本章结构安排如下：第一节，样本农户花生种植情况的描述性分析；第二节，不同经营规模农户花生种植决策调整的理论分析；第三节，基于规模分化的视角，利用 Probit 模型考察劳动力价格上涨对农户花生种植面积调整意愿的影响；第四节，在不同经营规模农户花生种植面积调整意愿的基础上，利用 Tobit 模型考察劳动力价格上涨对花生种植面积调整规模的影响；第五节，本章小结。

8.1　样本农户花生种植情况的描述性分析

8.1.1　花生种植面积调整情况

本章将继续利用全国 17 个省 596 户花生种植户的调查数据对不同经营规模农户花生种植面积调整情况进行统计，通过简单的描述性分析为后续的实证检验提供一定的数据支撑。这里对不同经营规模农户的定义也是基于不同的种植面积，并且特指农户家庭的花生种植面积，即根据花生种植面积的大小划分不同经营规模农户。

生产经营面积是刻画农户规模分化情况的主要标准。世界银行将经营规模为 2 公顷（30 亩）以下的生产者界定为小农户；2017 年第三次全国农业普查主要数据公报中种植业规模户的标准为 100 亩及以上[①]。然而，现阶段我国农户花生种植规模偏小，很难达到上述标准。因此，结合实际调研情况，深度刻画农户经营规模分布特征，在遵循统计分组原则的基础上，本书将种植面积小于 25 亩的生产者定义为小农户，大于或等于 25 亩定义为规模户，这里是广义上的规模户，包括专业大户、家庭农场、农民合作社等新型农业经营主体。这样的分组，基本上反映了我国花生经营规模的生产实践情况。分组结果显示，小农户占总样本量的 66.3%（395 户），规模户占总样本量的 33.7%（201户）。两类农户呈现出不同的生产经营特征、采用不同的家庭生计策略，这使得小农户和规模户之间存在"质"的差异。

---

① 种植业规模化标准为：一年一熟制地区露地种植农作物的土地达到 100 亩及以上、一年二熟及以上地区露地种植农作物的土地达到 50 亩及以上、设施农业的设施占地面积 25 亩及以上。

表 8-1 显示了不同经营规模农户花生种植决策调整情况。可以发现，不同经营规模农户花生种植面积的调整意愿存在较大差异。小农户中，选择调减花生种植面积的农户数量为 246 户，占比 62.3%；选择维持现有花生种植规模的农户数量为 97 户，占比 24.6%；选择调增花生种植面积的农户数量仅为 52 户，占比 13.1%。规模户中，选择调增花生种植面积的农户数量为 139 户，占比 69.2%；选择调减花生种植面积的农户数量仅为 32 户，占比 15.9%；选择维持现有花生种植规模的农户数量为 30 户，占比 14.9%。总体来看，小农户更倾向于缩小花生种植规模，规模户更倾向于扩大花生种植规模。

表 8-1　不同经营规模农户花生种植决策调整情况

种植面积调整意愿	小农户		规模户	
	户数（户）	比例（%）	户数（户）	比例（%）
缩小规模	246	62.3	32	15.9
保持不变	97	24.6	30	14.9
扩大规模	52	13.1	139	69.2

数据来源：作者依据微观调研数据整理。

农户进行生产决策调整具有一定的原因和依据，往往会综合包括要素价格（劳动力、农资等）在内的各个方面因素考量。实际调研过程中，农户愿意保持不变或是扩大规模的依据因素中，选择比例较高的因素包括花生价格比较高、种植效益好、种植习惯、订单农业等。花生常常被用来满足榨油和种用需求，尤其是对于规模户来说，与农业合作社或专业协会、花生加工或榨油企业等签订合同的形式比较普遍。订单企业等会为合作农户提供农业生产资料、技术指导、市场信息等，一旦有了稳定的产品销路，农户就会倾向于扩大生产规模或保持不变。对于小农户来说，由于花生价格比较高、种植效益好，以及长期的种植习惯，所以倾向于保持现有规模或是扩大规模。

对于选择缩小规模的农户，继续追问如下问题："缩小的这部分土地将会作何打算？"其中，45% 的农户准备将土地流转出去，55% 的农户准备改种其他农作物。对于选择改种其他作物的农户来说，原因主要集中在种花生费工、轮作换茬等，长期连作会导致花生病虫害加重、产量下降、土壤环境恶化等。

花生属于夏秋季旱作作物，由于不同地区种植制度存在明显差异，农户选择改种的作物不同。根据田间调查，南方以改种水稻为主，北方则以改种玉米、大豆、小麦为主，也有一些比较特别的地区，例如，广西以改种甘蔗为主、新疆以改种棉花为主。

8.1.2　花生与替代作物的比较

土地资源属于我国宝贵的稀缺资源，而劳动力、资本等其他资源都是具有能动性的。根据土地资源的利用情况，农户种植的农作物可以分为三类：花生、花生的替代作物、花生的互补作物。花生的替代作物是指那些与花生竞争土地资源、生长周期和种植环境要求等方面与花生一致的农作物。花生的互补作物是指可以与花生间作、套种，在土地资源利用上与花生基本不存在竞争关系的农作物。由于互补作物的种植不影响农户的花生种植，因此，在家庭收入最大化的情况下，农户的花生种植决策应当是在权衡花生与替代作物之间相对收益后做出的，而花生与替代作物之间的相对收益取决于花生和替代作物在单位面积上的相对价格和相对单产。表8-2显示了花生与替代作物的收益比较情况。

表 8-2　花生与替代作物的收益比较

项目	花生	水稻	玉米	小麦	棉花	大豆
主产品产量（公斤/亩）	256.67	491.88	487.02	368.99	105.83	126.46
产值（元/亩）	1 445.16	1 289.53	881.48	853.53	1 814.31	474.29
生产成本（元/亩）	1 161.82	988.52	817.28	801.01	1 950.47	408.28
主产品价格（元/公斤）	5.56	2.59	1.76	2.24	14.56	3.66
净产值（元/亩）	283.34	301.01	64.20	52.52	−136.16	66.01

数据来源：《全国农产品成本收益资料汇编 2019》。

计算得出，花生亩均净产值为 283.34 元，明显高于玉米、小麦、棉花和大豆，略低于水稻。由此可见，与主要的替代作物相比，花生的种植收益较高。如果减去收获损失或是在一些种植特色花生和鲜食花生的地区，花生的种植收益会更高。与替代作物相比，如果花生单位面积的产量增长更快或价格较高，种植花生就能获得更多的收益，农户就会选择用更多的土地来种植花生。

8.2 不同经营规模农户花生种植决策调整的理论分析

8.2.1 规模分化下花生种植户的特征及其差异

8.2.1.1 不同经营规模农户的经营主体特征

由于城镇化、非农经济的发展，均质同构的农户格局被打破，农户分化现象普遍存在，伴随着农户分化的是农户经营规模的分化，不同经营规模农户在生产决策行为方面自然表现出明显的差异。首先，从可持续生计分析框架的人力资本、自然资本、物质资本、金融资本、社会资本五个方面选取指标对规模户和小农户两类主要农业经营主体展开比较分析（李艳等，2021）。

（1）人力资本：规模户经营者综合素质更高，老龄化问题相对较轻。 与小农户相比，规模户经营者文化素质普遍更高，但规模户和小农户经营者中高文化素质人才均较为稀缺。教育是提高人力资本水平的重要方式，受教育水平可以衡量个人和经济体的人力资本存量。此外，虽然规模户总体受教育程度更高，但大专学历和本科及以上学历的经营者还比较稀缺。农业经营者的受教育程度与文化素质直接相关，受教育程度高的经营者科学文化知识丰富，对农业生产的安排和规划更为长远，更有意愿和能力发展成为适度规模经营的规模户。

规模户与小农户经营者身体素质差距较大，规模户经营者身体素质相对更高。经营者身体健康是一项重要的人力资本，是顺利开展农业生产经营活动的前提和基础，良好的健康状况有助于保证经营者精力充沛地进行农业规划、生产和管理。由此可见，农业经营者的弱质化（身体健康状况以及文化素质双重弱质）现象主要存在于小农户之中，而规模户经营者良好的健康状况为其制定目标规划、实现长期发展提供了有力保障。

规模户和小农户经营者均主要为男性，而小农户经营者中女性占比明显更高。这在一定程度上反映出，伴随城镇化的发展，在外出务工工资率高于本地就业工资率的驱动之下，农村劳动力尤其是青壮年劳动力大量外流，小农户中男性经营者更倾向于选择外出务工谋生，以赚取更多收入。与此同时，女性留守农村承担了家庭更多的农业生产经营责任，因此小农户中女性经营者占据了较高的比重。此外，规模户和小农户经营者年龄分布均呈现"单峰形"，相比之下，小农户经营者老龄化特征更为明显。相较于小农户经营者，规模户经营者的老龄化问题相对较轻。

规模户经营者职业技术水平相对更高。与小农户相比，规模户经营者具备专业技术职称、接受过农业技术培训、接受过非农职业教育的比例更高。其中可能的原因是：一方面，部分学习能力较强的经营者，经过不断学习掌握了更多的农业技术，获得了专业技术职称，从而更愿意扩大经营规模从事规模化生产；另一方面，近年来国家针对规模户的培训项目日益增多，规模户善于抓住机会，因而其接受技能培训的比例更高。

规模户家庭内部劳动力数量少于小农户。家庭劳动力数量越多，农业生产发展可调动的劳动力资源就越丰富。规模户与小农户家庭自有劳动力的数量和各自经营的规模并不匹配。小农户家庭自有劳动力数量丰富但规模过小，单纯开展农业生产经营难以满足其家庭生存发展需求，因此富余劳动力只得寻求更多务工机会；而规模户在自有劳动力数量上存在明显劣势，加之其主要是规模化经营，在农忙季节该类主体需要借助外部劳动力市场获取农业生产所需劳动力。由此可见，小农户与规模户在劳动力供需方面具有天然的互补性。

（2）**自然资本：规模户的土地主要来源于小农户，经营规模更大，区位更接近市场。**规模户的土地经营面积远大于小农户，且其所经营土地主要来源于土地流转。在发生土地转入行为的主体中，约有 90% 的土地来源于小农户，小农户为规模经营主体提供了土地资源。此外，规模户所处地理位置更加优越，接近广阔的消费市场。规模户更为贴近集贸市场，距离县城更近。越靠近集贸市场和县城，越有利于节约采购农资、加工和运输农产品、购买社会化服务等的交易成本，同时也有助于经营者快速接近销售市场。

（3）**物质资本：固定资产水平差距悬殊，规模户物质资本更为丰厚。**规模户现有生产性固定资产水平显著高于小农户，且追加投资的规模更大。从固定资产新增投资来看，规模户对固定资产的追加投资更多。由于生产经营适度规模化更适于机械作业，故规模户对生产性机械设施的需求更大，基于生产效率和生产成本的双重考量，投资购买机械设备是其更为理性的选择，且规模户具备购买、维护和保养机械设备的经济基础和实力。相较而言，小农户自身财力有限且经营规模相对较小，对机械等设备的需求不高。规模户信息化基础设施更加完备，网络条件更好。互联网对农业全要素生产率具有显著正向影响，对优化农业生产、提高农业资源配置和组织管理效率具有促进作用。实际调查显示，规模户比小农户拥有电脑的数量更多，接入互联网的比例也更高。

（4）**金融资本：规模户投融资规模更大，资金往来更为活跃。**金融资本主要是指在消费和生产过程中人们为了达成生计目标所需要的资金支持。规模户家庭经营外投资绝对规模远大于小农户，经营外收入相对更多，现金资本更为充裕。相较于小农户，规模户资金实力更为雄厚，经营外投资意愿更强。规模户的平均贷款规模和参与贷款比例均大于小农户。虽然规模户较小农户而言金融机构贷款的参与率略高，但综合来看，这两种类型的经营者参与金融机构贷款的比例均不高。实地调研发现，农户在生产经营过程中生产资金短缺现象较为普遍，由于正规渠道融资不畅，农户需要依靠自身社会关系获得非正式借款，农业生产经营面临的资金缺口难以得到补足，从而限制了农业经营者特别是规模户进一步发展壮大。

（5）**社会资本：规模户吸纳社会资本的能力更强，社会资本相对更丰富。**相较于小农户而言，规模户中党员户的比重及获得过荣誉的农户的比重均更高。社会身份和荣誉一定程度上反映了经营者吸纳社会资本的能力，社会资本的作用是增强人们相互之间的信任、提升人们的合作能力，规模户经营者的党员等身份和"劳动模范"等荣誉称号更有利于其获得广泛信任和合作，进而其更容易获取农业发展所需的资源支持。规模户所要维系的社会网络规模更为庞大，家庭全年人情往来支出费用相对高昂，但较小农户而言其人情往来支出占总收入的比重相对较小。人情往来开销是构建和维持社会网络、获取社会资源的重要方式，社会关系越多，人情支出相应也会越高。

8.2.1.2 不同经营规模农户的生产经营状况

在分析不同经营规模农户的经营主体特征的基础上，接下来，从两类经营主体的经营类型及方式、信息获取及应用、新设备/技术采纳、农产品销售、经营绩效、经营困难六个方面对规模户和小农户生产经营状况展开比较分析（李艳等，2021）。

（1）**规模户和小农户经营类型及方式差异明显。**规模户和小农户均主营粮食作物，但小农户种植粮食作物的比例更高。这可能是由于小农户兼业现象普遍，不以农业收入为最主要经济来源，因此偏向于选择劳动投入少且季节性明显的经营模式；而规模户主要收入来源为农业生产经营活动，相较于粮食作物，经济作物和畜牧业的盈利空间更大，因而更多规模户倾向于种植经济作物或发展畜牧业。

规模户的农业保险覆盖面更广，风险管理水平更高。农业保险能够有效地分散和化解农业生产经营中的风险。当前我国农业经营主体对于农业保险的重要性认识不足，对农业生产经营的风险管控仍然处于较低水平。实际调研发现，无论是规模经营主体，还是分散的小农户，农业保险覆盖率的绝对水平均较低。

规模户和小农户的基本财务核算制度都处于起步阶段，相较而言，规模户对会计核算应用更多。从整体来看，我国规模户经营规范性虽然仍存在不足，财务核算制度仍然处于较低水平，大部分规模户没有会计核算，但是相较于传统的小农户来说已有明显改善。规模户因经营规模更大，资金往来更为频繁，资金收支金额更为庞大，因而对系统完整的会计核算需求更为迫切。

（2）规模户对信息获取及信息化技术应用重视程度相对更高，但仍有较大提升空间。规模户和小农户获取的经营信息类别多样，但规模户对信息的获取程度相对更高。农业信息资源是农业未来发展的战略性资源。实际调查显示，农业经营主体信息获取的类别多样，涉及生产经营类、农技推广类、疫病疫情类等。总体看来，规模户每一类别的信息获取程度均远高于小农户。在各类信息中，疫病疫情类、农技推广类、生产经营类信息的获取程度相对较高，其中疫病疫情类信息的传播最为广泛。金融供给类信息和品牌建设类信息获取程度相对较低，其中金融供给类信息的获取比重最低。结合前述规模户资金需求大、正规融资难以满足的状况，此处金融供给类信息获取不足，更可能是金融供给类政策滞后或相关信息宣传不足。以农业经营为主要收入来源的规模户，生产经营决策直接关系到家庭全年收成，其依靠农业盈利的目标性更强，对农业生产经营重视程度更高、创新意识更强。因此，为了做出更科学合理的生产经营决策，规模户对各类农业信息的需求和关注程度相对更高。而小农户农地规模小，农业生产经营更加常规，对各类农业信息的关注度和敏感度相对较低。

规模户利用多种信息技术手段的意识更强，对信息技术重要性的评价更高，但也有待提升。首先，规模户和小农户对 App 等移动互联终端了解和重视的程度最高，对云计算、云管理技术了解重视的程度最低。这表明手机软件等移动互联终端信息和技术的传播方式最容易被广泛接受和有效传达，是推广信息技术的有效渠道，应当充分加以利用；而云计算、云管理等技术被规模户、小农户了解和接受的难度相对更大。其次，规模户更倾向于有意识地了解和掌握各种信息技术，其了解 App 等移动互联终端、基于大数据的市场行情分析，了解和使用农业物联网技术、云计算和云管理平台、办公自动化系统的占比均高于小农户。最后，规模户对信息技术手段重要性的评价更高。从目前来看，两类农业经营主体对各种信息技术手段的应用均处于初级阶段；另外，规模户认为 App 等移动互联终端、基于大数据的市场行情分析、农业物联网技术、云计算和云管理平台、办公自动化系统是最重要的信息技术/服务手段的占比高于小农户。除此之外，规模户对互联网购销方式的应用更为普遍。互联网技术为农村的生产生活提供了极大便利，对农业农村现代化起到了助推作用。与上述信息获取和信息技术应用情况类似，规模户信息化需求和技术进步的内生动力更大。

（3）规模户对新技术、新设备的需求和采纳意愿均更为强烈。规模户是新设备引入的主要潜在力量。这可能主要由于规模户对新设备的需求更强烈，同时家庭资本雄厚，具备购买新设备的能力。规模户引进新技术、新品种的水平更高，对新技术、新品种的需求更迫切。相较于新技术，规模户和小农户对新品种的采用比率更高。由此可见，规模户改善生产经营方式、改进生产技术、提高生产效率和生产能力的意愿更强烈，是农业转型和创新的主要力量。

（4）规模户农产品销售渠道更多元、销售区域范围更广泛，市场导向性更强。从销售方式来看，规模户未来拓展销售渠道的意愿更强烈，对现代化销售手段的重视程度更高。另外，规模户和小农户对于销售合同制度的采用程度普遍偏低。由于适度规模化生产的农产品产量更高，为尽快达成交易、创造利润，规模户往往会积极主动拓宽销路，进行多渠道销售。规模户销售范围更广，甚至可能远销海外，而小农户的销售区域则主要集中于本地。从市场化战略来看，我国现阶段以家庭为单位的农业生产经营对于品牌和认证的重视程度不足，总体认证水平较低；但相对来看，规模户的品牌和认证意识更强、水平更高，市场导向性更强。结合上述规模户农产品销售渠道多元和销售范围广泛的状况，现有的农产品品牌和认证水平与其生产销售需求不适应，故加强品牌建设及提高认证水平对规模户来说尤显必要。

（5）规模户以农业经营收入为主，小农户则更趋向兼业化经营。从经营者收入来看，规模户总体收入和家庭农业经营收入占比均处于更高水平，专业化和商品化经营特征明显；而小农户总体收入和家庭农业经营收入占比均更低，农业生产经营兼业化特征更明显。从事自主经营的规模户将主要资金和精力投入商品化的农业生产，因而农业经营收入的比重更大。规模户总体经营效益更好，单位劳动力利润更高；小农户总体经营效益较低，但单位土地利润更高。在扣除各项开支后，规模户总体盈利能力强于小农户。此外，规模户单位劳动力利润水平更高，而小农户单位土地利润水平更高。可以看出，规模户总收支盈余高主要与其规模经营特征相关，同时表明适度规模是发展以家庭为单位的农业生产经营、提高农业生产者收入的重要选择；规模户与小农户在土地和劳动力收益上的差异，在于两者在农业生产经营中对机械设备、技术管理、资金、土地和劳动力等要素的相对投入程度不同。现阶段，规模户在规模化土地上投入了更多的技术、资金密集型要素，对劳动力起到较为明显的替代作用，提高了单位劳动力的利润值，但与小农户依靠家庭自有劳动力在小规模土地精耕细作的传统模式相比，土地亩均利润却没有得到更高水平的提升。

（6）相较于小农户，规模户面临的困难更为严峻，生产资金短缺是二者共同面临的突出难题。在农业生产经营过程中，规模户面临的困难和挑战更大，但其面临的困难类型与小农户相比存在差异。总体来讲，规模户面临各类生产经营困难的普遍程度较小农户更大，而生产资金短缺是两类经营主体面临的最为普遍的问题。此外，有超过半数的规模户面临产品销售渠道单一、雇工价格较高的问题；而缺乏生产技术、基础设施落后（水、电、路、网）等问题对小农户而言更为普遍。由此可见，除了生产资金短缺是当前农业生产经营面临的最严峻问题之外，小农户受到生产技术缺乏和基础设施薄弱限制较为严重，即小农户面临的经营困难主要表现在生产环节，而规模户在生产环节和销售环节均面临困难。

8.2.2 劳动力价格上涨对不同经营规模农户花生种植决策的影响机制

随着劳动力价格的持续快速上涨，不同经营规模农户的花生种植决策会受到什么影响，以及受到多大程度的影响自然而然地成为一个重要议题。不同经营规模农户拥有的资源禀赋条件、生产经营方式、行为能力等具有明显差异，各自对应着不同的生产函数和利润函数，因此，面对劳动力价格的持续快速上涨，他们的行为决策对应着不同的逻辑思路。土地流转与适度规模经营遵循同样的决策思路，即实现家庭劳动力与其他要素的最优配置，以获取最佳经济效益或最大经济效率（周娟，2018）。对于花生种植来说，劳动力价格上涨直接导致了成本收益的变动，间接影响了农户家庭经营的要素配置效率与方向。其背后的种植决策逻辑是，面对人工成本约束农户如何调整经营规模，本质上是在平衡人地之间的关系。在其他外部条件相同的情况下，行为主体性质的差异直接决定着其行为动机的差异（王新志和杜志雄，2020）。对于不同经营规模农户以及某一农户内部不同家庭成员而言，劳动力投入的成本核算逻辑存在明显差异，使得各主体在实现自身利益最大化和成本最小化的过程中具有显著差异，由此产生了差异化的花生种植规模决策行为（李艳等，2021）。本章将从花生种植面积的调整意愿和调整规模两个方面，深入考察劳动力价格上涨对不同经营规模农户花生种植决策的影响及作用机制。

8.2.2.1 劳动力价格上涨对不同经营规模农户种植面积调整意愿的影响

对于小农户而言，花生种植规模相对较小，主要种植目的是满足家庭需求，仅将剩余产出进行销售，花生销售收入只占家庭收入中很小的一部分，家庭收入主要来源于外出打工或其他经营性收入。在半耕半工的兼业化生计模式下，花生种植基本依靠家庭自有劳动力和土地，水利、电力等基础设施和农业生产性投资也相对较小，因此，小农户在调整劳动力投入决策上具有很强的自主性，并且花生生产的退出成本较低。为了家庭收益最大化，小农户会在农业与非农产业之间进行权衡，如果务工收入大于务农收入，理性的农户必然会减少务农时间，转而增加务工时间，直到达到农户家庭的帕累托最优经济状态，即从事农业生产的劳动边际收益等于从事非农产业的劳动边际收益（杨进和陈志钢，2016）。因此，劳动力价格上涨给小农户带来的更多是收入变化，在收入最大化的诱导下小农户倾向于缩小花生种植规模或是保持不变，转而从事非农就业以获取更高的收入。

对于规模户而言，已经脱离了自给自足或半自给自足的经营范畴而进入规模化、集约化、商品化的经营范畴，花生销售收入成为他们收入的主要来源。规模户依靠土地流转不断扩大经营规模，以获得经济收入、政策收益等。这个过程伴随着两点重要的改变：一是劳动力结构发生巨大变化，逐渐由以家庭自有劳动力为主或短期季节性雇工向主要依靠雇工或长期雇工转变，以满足生产需要；二是往往会进行更多的农业生产性投资，如购买花生摘果机、烘干机等专用性很强的固定资产。在契约关系（流转地、雇工等）和资产专用性的双重约束下，很容易产生租金的"沉没成本"以及农机装备闲置的"隐性损失"（周静和曾福生，2019）。所以相比小农户来说，规模户的退出成本较高，他们的行为特征更符合"船大难调头"，这也意味着规模户的花生种植具有较大的

"惯性"（彭长生等，2019）。因此，劳动力价格上涨给规模户带来的更多是成本变化，在成本最小化的诱导下规模户倾向于扩大经营规模，从而发挥出花生生产的规模经济效应。

8.2.2.2　劳动力价格上涨对不同经营规模农户种植面积调整规模的影响

接下来，面对劳动力价格的上涨，不同经营规模农户会在多大程度上调整规模，包括小农户会在多大程度上缩小种植规模以及规模户会在多大程度上扩大种植规模，则取决于劳动力价格的上涨程度。小农户多为"半工半耕"的兼业经营方式，即农户在从事农业生产的同时，参与非农生产经营活动，主要包括本地（本县及周边县市）务工和外出（省会及其他大城市）务工。家庭中往往是青壮年、文化水平较高、男性劳动力外出从事非农生产经营活动，他们常年在外或是农忙回家几天，留在家中务农的人员基本是老人、妇女等家庭辅助劳动力。不同的家庭成员，劳动力的机会成本是不一样的。老人、妇女等家庭辅助劳动力一般没有外出务工机会，其劳动力机会成本近乎为零，劳动力价格上涨对他们基本不会造成影响。所以，劳动力价格上涨对家庭劳动力配置的调整集中在家庭主要劳动力上，而这种影响与花生种植面积的调整规模也存在关系。对于小农户来说，家庭劳动力的机会成本是家庭劳动力是否选择外出务工的关键因素，但却不是家庭是否放弃农业生产经营的关键因素。当劳动力价格处于低位上涨状态时，外出务工收入也相对较低，家庭主要劳动力可以在农忙时回家帮忙，加上辅助劳动力投入，农户家庭可以达到外出务工兼顾花生生产。因此，这一阶段小农户倾向减少的种植规模相对较小。但是，当劳动力价格超过一定的阈值之后，家庭主要劳动力回家帮忙或是使用少量雇工的成本较高，导致小农户种植花生的动力被大大削减。因此，这一阶段小农户倾向减少的种植规模相对较大。

对于规模户来说，面对劳动力价格的上涨，他们倾向于扩大经营规模促使规模经济形成，与此密切相连的是固定资产投资的增加和农业生产技术的改进（如引进新的生产要素）（姚洋，1998）。所以，规模户调整规模决策便是基于劳动力价格、生产性投资两者之间成本的变动而做出的。当劳动力价格处于低位上涨状态时，雇工成本相对较低，增加生产性投资（增加资本要素或采用农业生产技术）替代人工作业缺乏经济性，即劳动力/生产性投资的相对价格较低，此时劳动密集型的生产方式更具优势。但是，面临收益下降的压力，规模户的理性选择是调整作物种植结构或减少耕地转入规模。如果选择调整作物种植结构可能又要雇佣更多劳动力，人工成本必然进一步提高，同时也可能要投入更多的其他生产要素。因此，这一阶段规模户更有可能采取减少耕地转入规模的决策。相反，当劳动力价格处于高位上涨状态时，雇工成本相对较高，增加生产性投资替代人工作业的优势开始凸显，即劳动力/生产性投资的相对价格较高，此时资本密集型的生产方式更具优势。因此，这一阶段规模户更有可能采取增加耕地转入规模的决策。

综上，劳动力价格上涨除了会直接改变农户的生产决策行为（增加资本投入和采用省工省时技术），还会导致耕地资源在不同农户之间进行重新配置，即不同经营规模农户之间花生种植规模的变化，从而间接影响了花生生产。劳动力价格上涨促使小农户倾向于维持或减少花生种植面积的同时，促使规模户倾向于增加花生种植面积；劳动力价格上涨促使小农户预期调减面积先减少后增加，规模户预期调增面积先减少后增加。总体来说，这一过程可以被看作是农户应对劳动力价格上涨的另一种性质的替代，即由受劳动力价格上涨影响相对较小的规模户对受劳动力价格上涨影响相对较大的小农户进行替代。上述逻辑揭示了劳动力价格与农户花生种植决策之间的关系（图8-1）。

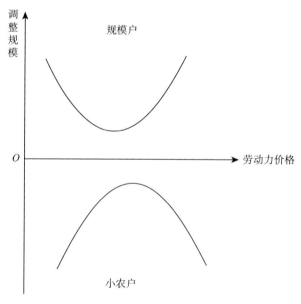

图8-1 劳动力价格上涨对不同经营规模农户花生种植决策的影响

表8-3反映了小农户和规模户生产经营特征的基本情况。根据问卷调查结果，规模户家庭内部劳动力数量明显少于小农户，而规模户花生种植面积明

显多于小农户，且二者的差异通过 t 检验。由此可见，小农户与规模户家庭自有劳动力数量和各自生产经营规模并不匹配。小农户家庭自有劳动力数量丰富但经营规模过小，富余劳动力倾向于寻求更多务工机会；而规模户家庭自有劳动力数量短缺，却要兼顾规模化经营，不得不借助外部劳动力市场获取有偿雇佣，包括数量较少的长期性雇工和数量较多的灵活性季节雇工。进一步观察发现，规模户雇工现象更为普遍，雇工成本份额较大。其中，规模户长期雇工人数更多，而小农户几乎没有长期雇工。此外，规模户比小农户拥有更为雄厚的物质资本，规模户平均生产性固定投资是小农户的 5.6 倍。小农户家庭从事非农工作的劳动力比例[①]明显高于规模户，说明小农户家庭在非农部门配置的劳动力水平较高，并且相比于本地就业，外出就业已经成为小农户家庭劳动力非农就业的主要选择。最后，小农户家庭农业经营收入占比较低，兼业化经营特征明显；规模户以农业经营收入为主，专业化和商品化经营特征明显。综合分析可以看出，劳动力价格上涨背景下小农户和规模户的实际生产经营情况与前文理论分析较为一致。

表 8-3 样本农户生产经营特征

项目	小农户	规模户	均值差异
家庭劳动力数量（人）	3.26	2.84	0.42***
花生种植面积（亩）	5.63	43.37	−37.73***
雇工成本占比（%）	8.54	42.72	−34.17***
生产性固定资产价值（万元）	2.46	13.78	−11.32***
非农家庭劳动力占比（%）	51.40	12.83	38.57***
农业经营收入占比（%）	45.03	78.40	−33.38***

数据来源：作者依据微观调研数据整理。

8.3 农户花生种植面积调整意愿的实证分析

8.3.1 模型设定与变量选择

8.3.1.1 模型设定

实际调研问卷中，农户预期花生种植面积的调整意愿包括"增加种植面

---

① 农户家庭成员外出务工人数（1 年中有 6 个月以上在外务工）占家庭劳动力总人数的比重。

积""保持不变"和"减少种植面积"。根据前面的描述性分析，将减少种植面积或保持不变归为一类，与此相对应的是增加种植面积。处理后农户种植面积的调整意愿属于典型的二分类变量，较为常用的计量分析方法是 Probit 模型和 Logit 模型，两种方法在估计结果方面并无明显差异。它们的区别在于连接函数不同，Probit 模型对应着标准正态的累积分布函数，而 Logit 模型对应着逻辑分布的累积分布函数。本节选取 Probit 模型来分析劳动力价格上涨对农户种植面积调整意愿的影响，为检验结果的稳健性，同时利用 Logit 模型进行估计（毕茜等，2014）。具体模型设定如下：

$$P(y_i = 1 \mid x) = \phi(\beta_0 + \beta_1 X_1 + \beta_2 Z_i + \varepsilon_i) \qquad (8-1)$$

（8-1）式中，ϕ 为标准正态的累计分布函数，$y_i = 1$ 表示农户选择增加种植面积，$y_i = 0$ 表示农户选择减少种植面积或是保持不变。X_1 为劳动力价格，Z_i 为控制变量。β_0、β_1 和 β_2 为待估计系数，ε_i 为随机扰动项，利用最大似然法进行估计。

8.3.1.2 变量选择

（1）核心解释变量，劳动力价格。沿用第 7 章花生生产的雇工工资作为本章劳动力价格的代理变量。

（2）引入控制变量，包括户主年龄、文化程度、种植面积、花生价格、固定资产投资、地租和替代作物价格。户主年龄越大，务农经验越丰富，倾向于扩大种植规模的概率越大；但是当户主年龄达到某一阈值后，随着体能、精力衰退，其种植规模可能缩小（Thomas，2007）。因此，户主年龄对农户调整意愿的影响具有不确定性。户主的受教育水平越高，外出从事非农就业的机会越多，退出农业生产的可能性越大，即农户越有可能减少花生种植面积。花生种植面积越大，农户对花生种植越依赖，进行人力资本与物质资本投入的可能性越大，扩大经营规模的意愿越强烈。固定资产投资可以用来反映经营主体从事农业生产的沉没成本和农业经营能力，因此家庭拥有的固定资产投资越大，越可能会激励农户扩大种植规模。花生价格越高，意味着花生种植效益越好，农户越有可能增加花生种植面积。地租水平的提高，既能够促进转出户流出农地，也能抑制转入户流入农地。替代作物价格越高，农户种植替代作物的意愿越强烈，越有可能减少花生种植面积。

一般情况下，对于任何单个农户或小范围区域的农户来说，按照机会成本的概念，只有一种替代作物；但是对于较大范围的农户来说，花生的替代作物存在多样性。因此，这里参照钟甫宁和胡雪梅（2008）的替代作物选择和综合方法，得到花生综合替代作物的价格，具体计算公式如下：

$$P_{s,t-1} = \sum_{i=1}^{s} \left(P_{i,t-1} \times \frac{Q_{i,t-1}}{\sum_{i=1}^{s} Q_{i,t-1}} \right) \quad (8-2)$$

（8-2）式中，$P_{s,t-1}$ 表示 $t-1$ 时期花生综合替代作物的价格，$P_{i,t-1}$ 表示 $t-1$ 时期第 i 种替代作物的价格，$Q_{s,t-1}$ 表示 $t-1$ 时期第 i 种替代作物的产量。替代作物的选取标准是播种面积的大小和实际替代的可能性，根据田间调查，花生主要替代作物包括水稻、小麦、玉米、大豆和棉花，将这五种替代作物按照公式（8-2）加权得到花生综合替代作物的价格。这样得到的综合替代作物价格就可以使替代作物之间单位面积价格的变化在替代作物之间内部化。花生替代作物的选择存在地区差异，以实际农户调研为准。

不同经营规模农户的描述性统计结果见表8-4。

表8-4　农户花生种植决策模型变量的定义与赋值

变量	定义及赋值	小农户		规模户	
		均值	方差	均值	方差
被解释变量					
种植面积调整意愿	减少或不变=0，增加=1	0.13	0.34	0.69	0.46
种植面积调整规模	调整的耕地规模（亩）	−4.36	4.83	19.01	13.60
核心解释变量					
劳动力价格	雇工工资（元/日）	192.54	16.91	188.61	19.05
控制变量					
年龄	户主实际年龄（岁）	56.34	7.64	50.78	7.80
文化程度	户主受教育年限（年）	6.00	3.61	6.81	2.93
种植面积	今年的花生种植面积（亩）	7.04	5.58	54.21	48.54
花生价格	去年的花生价格（元/斤）	3.92	0.82	4.39	0.76
固定资产投资	家庭拥有的农用机械总价值（万元）	4.48	4.78	14.69	19.01
地租	土地流转费用［（年·元）/亩］	677.59	178.15	753.23	178.05
替代作物价格	花生替代作物的价格（元/斤）	1.68	0.17	1.63	0.19

8.3.2　估计结果分析

表 8-5 汇报了劳动力价格上涨对不同经营规模农户种植面积调整意愿影响的估计结果。总体上看，Probit 模型的拟合程度较好，本节所关注的变量大多都通过了显著性检验，各变量的系数符号与预期的影响方向基本一致。Logit 模型和 Probit 模型的估计结果基本一致，说明结果是稳健可靠的。

表 8-5　劳动力价格上涨对农户调整意愿影响的估计结果

自变量	小农户		规模户	
	Probit	Logit	Probit	Logit
劳动力价格	−0.030 8***	−0.054 2***	0.024 1***	0.041 8***
	(0.007 01)	(0.013 7)	(0.006 78)	(0.012)
年龄	0.051 1***	0.086***	0.006 08	0.013 9
	(0.016 5)	(0.031)	(0.015 1)	(0.027 3)
文化程度	−0.014 7	−0.026 1	−0.031 5	−0.052 3
	(0.034 6)	(0.066 2)	(0.039 2)	(0.069 1)
种植面积	0.008 69	0.013 3	0.006 9*	0.013 8*
	(0.023 2)	(0.042 1)	(0.003 59)	(0.007 97)
花生价格	0.923***	1.604***	0.376**	0.607**
	(0.151)	(0.281)	(0.152)	(0.29)
固定资产投资	0.027 7	0.050 1	0.049 5**	0.095 9*
	(0.021 2)	(0.039 1)	(0.024 9)	(0.054 9)
地租	−0.003 42***	−0.005 85***	−0.002 4***	−0.004 34**
	(0.000 673)	(0.001 25)	(0.000 873)	(0.001 83)
替代作物价格	−2.623***	−4.817***	−2.233***	−3.483***
	(0.835)	(1.609)	(0.767)	(1.342)
常数项	3.893*	7.385	−0.931	−2.275
	(2.295)	(4.541)	(2.163)	(3.929)

注：*、** 和 *** 分别表示在 10%、5% 和 1% 的水平上显著，括号内为稳健标准误。

（1）核心变量对农户花生种植面积调整意愿的影响。 估计结果显示，劳动力价格对小农户种植面积调整意愿的影响为负，对规模户种植面积调整意愿的影响为正，且均通过了 1% 的显著性检验。估计结果表明，不同经营规模农户对劳动力价格上涨的反应并不一致，随着劳动力价格的上涨，小农户倾向于保持不变或是减少种植面积，规模户倾向于增加种植面积。

对于小农户来说，当劳动力价格持续快速上涨时，由于花生生产的投资收益率与非农产业相比较低，家庭内部越来越多的劳动力被诱导进入非农产业，从事花生种植的劳动力不断减少，这里包括劳动力数量和质量的双重下降。当家庭剩余农业劳动供给尚可满足花生生产经营土地所需要的农业劳动供给时，农户会选择保持现有规模；当家庭剩余农业劳动供给无法满足花生生产经营土地所需要的农业劳动供给时，农户将会选择缩小花生种植规模，将部分土地租给其他农户以获得租金或是改种劳动力投入强度较低的作物等。因此，劳动力价格上涨给小农户带来更多的是收入变化，小农户在收入最大化的诱导下倾向于缩小花生种植规模或是保持不变。

特别需要说明的是，也有一些农户完全依靠自己耕种，种植面积很小、劳动力有闲置，不进行生产性投资。这种情况多见于花生种植面积在 2 亩以下、户主年龄在 70 岁以上的老年家庭，由于他们基本没有外出务工机会，劳动力的机会成本近乎为零，种植花生是他们的刚性需求，风险小、收入稳定，可起到家庭生计的"保底"作用。因此，劳动力价格上涨基本不会对这类农户造成影响，由于样本农户中这类农户的数量较少，故不做单独讨论。

对于规模户而言，通过增加雇工数量和添置生产性资产，虽然能满足规模显著扩张后的劳动力和资本要素积累需求，但是，同样也面临着高昂的退出成本以及劳动力价格持续快速上涨直接带来的人工成本增加，此时规模户更期望借助扩大经营规模来提升边际收益，直至边际产出与边际成本相等，以缓解成本增加带来的冲击。随着经营规模的扩大，具有不可分性要素（如灌溉设施、农用机械等）的投入成本得以分摊，单位生产成本降低，从而产生规模经济使规模户有利可图。因此，劳动力价格上涨给规模户带来更多的是成本变化，规模户在成本最小化的诱导下倾向于扩大花生种植规模。

值得提及的两点是：第一，为了增强农业农村发展动能，近年来中央将培育新型农业经营主体上升为国家战略，很多农业优惠政策向规模经营主体倾斜；第二，农业机械投资与种植规模之间往往不能完全匹配，容易出现农机装备生产力过剩的情况，规模户通常会向周围农户提供有偿农机作业服务来尽快回收农机投资成本。

（2）控制变量对农户花生种植面积调整意愿的影响。估计结果显示，绝大多数控制变量的系数符号符合预期。花生价格对小农户和规模户的调整意愿均具有显著正向影响，地租对小农户和规模户的调整意愿均具有显著负向影响。这意味着不论是小农户还是规模户，花生价格越高、土地流转费用越低，都越倾向于扩大花生种植面积。年龄对小农户的调整意愿有显著正向影响，说明户主年龄越大越倾向于扩大花生种植面积，这与杨万江和李琪（2018）、赵光和李放（2012）的研究结论不一致。一般来说，户主年龄越大，由于体力衰退可能会缩小种植面积。但是，花生价格较高，种植收益远高于三大主粮，所以对于缺乏外出就业机会的老年农户来说是一个不错的选择，风险小、收入稳定，可起到家庭生计的"保底"作用。种植面积和固定资产投资对规模户的调整意愿均存在显著的正向影响，说明花生种植面积越大、固定资产投资水平越高，规模户越倾向于扩大花生种植规模。替代作物价格对小农户和规模户的调整意愿均具有显著负向影响，说明农户进行土地配置时，往往会参考不同作物间的比较收益，花生替代作物价格上升，农户将会降低花生种植面积转而增加替代作物的种植面积。

8.4 农户花生种植面积调整规模的实证分析

8.4.1 模型设定与变量选择

在分析不同经营规模农户花生种植面积调整意愿的基础上，进一步将农户预期的调整规模作为因变量，探究劳动力价格上涨对不同经营规模农户花生种植面积调整规模的影响。以规模户为例，上一节的研究发现，随着劳动力价格的上涨规模户更倾向于扩大花生种植规模，但是同样存在缩小花生种植规模的可能性。如果利用最小二乘法（OLS）对整个农户样本或者只对倾向扩大规模农户样本进行参数估计，无法得到一致的估计（陈强，2014）。针对因变量有上限、下限或存在极值等情形，Tobit 模型是一个较好的选择（Tobin，1958）。其基本数学关系式为：

$$y_i^* = X_i\beta + \mu_i, \ \mu_i \sim N(0, \ \sigma^2)$$

$$y_i = \begin{cases} y_i^*, & y_i^* > 0 \\ 0, & y_i^* \leqslant 0 \end{cases} \qquad (8-3)$$

（8-3）式中，y_i^* 是潜在变量，y_i^* 的所有负值被定义为 0 值，称这些数据在 0 处进行了左截取，而不是把观测不到 y_i^* 的所有负值简单地从样本中除掉。

我们将采用上限为 0 的 Tobit 模型考察小农户倾向缩小的种植规模，用下限为 0 的 Tobit 模型考察规模户倾向扩大的种植规模。具体表达形式为：

$$S_i = \beta_0 + \beta_1 X_1 + \beta_2 X_1^2 + \beta_3 Z_i + \varepsilon_i \tag{8-4}$$

（8-4）式中，S_i 表示农户 i 希望调整的种植规模，小农户使用预期减少的耕地面积（亩）来表示，包括流转给其他农户以及家庭内部改种其他作物的耕地，规模户使用预期增加的耕地面积（亩）来表示。X_1 为劳动力价格，X_1^2 为劳动力价格的平方项，旨在检验劳动力价格对调整规模是否存在非线性影响；Z_i 为控制变量，仍然选取上一节 Probit 模型中的变量。β_0、β_1、β_2 和 β_3 为待估计参数，ε_i 为随机扰动项，利用极大似然法（MLE）进行估计。

8.4.2 估计结果分析

表 8-6 汇报了劳动力价格上涨对不同经营规模农户预期种植面积调整规模影响的估计结果。总体上看，大多数变量通过了显著性检验，各变量的系数符号与预期的影响方向基本一致，说明估计结果较为可靠。

（1）劳动力价格上涨对小农户调减规模决策的影响。对小农户来说，劳动力价格的系数正向显著，其平方项的系数负向显著，说明在其他条件不变的情况下，劳动力价格上涨促使小农户倾向减少的种植面积先减少后增加。通过计算发现，在劳动力价格＜197（天·人）/元的区间内，随着劳动力价格上涨，小农户倾向缩小种植的规模减少；在劳动力价格≥197（天·人）/元的区间内，随着劳动力价格上涨，小农户倾向缩小种植的规模增加。由此说明，劳动力价格在不同水平上，对小农户调整规模决策的影响存在程度上的差异。

通过前文的分析已经知道，花生收获环节的季节性强、用工量大，并且机械替代劳动力存在瓶颈，由此导致花生生产尤其是收获环节仍然需要大量的劳动力投入。当劳动力价格处于低位上涨状态时，选择务工并兼营农业是最符合家庭利益的策略，此时农户倾向缩小种植的规模呈减少趋势。但是，当劳动力价格超过一定的阈值之后，进入高位上涨状态时，家庭主要劳动力务农的机会成本较高，尤其是相对高昂的交通或通勤成本和可能面临的隐性失业成本较高。实际调研过程中也发现，"即使今年花生赚钱明年也不再种了"的现象十分普遍。例如，农户甲是一位优秀的木工，平常跟着装修队在省会城市市区干装修。几天前回家帮忙收花生，不料这段时间装修队接了装修活，等他收完花生再回到装修队，"大工"名额没了，只能拿着"小工"的钱，与工友们工资一天相差 150～300 元。再加上回家要跟老板请假，来回路上折腾，还有交通、饮食费，这样算下来，农户甲觉得不光"太麻烦了"，而且"得不偿失"。花生生产的用工需求是不确定、断续的，而农村劳动力难以在劳动力市场上频繁转移，导致小农户倾向缩小种植的规模呈增加趋势。

表 8-6　劳动力价格上涨对农户调整规模影响的估计结果

自变量	小农户	规模户
劳动力价格	5.251*** (0.665)	−2.883*** (0.299)
劳动力价格平方项	−0.013 3*** (0.001 68)	0.007 5*** (0.000 771)
年龄	0.060 8** (0.026 3)	0.06 (0.038 3)
文化程度	−0.039 7 (0.051 7)	−0.067 4 (0.106)
种植面积	−0.047 6 (0.034 1)	0.005 02 (0.005 53)
花生价格	0.541** (0.25)	1.256*** (0.432)
固定资产投资	−0.006 25 (0.040 1)	0.037 4** (0.015 2)
地租	−0.002 84** (0.001 17)	−0.006 81** (0.003 43)
替代作物价格	−10.65*** (1.729)	−50.52*** (3.191)
常数项	−505.5*** (67.33)	368.6*** (27.6)

注：*、** 和 *** 分别表示在 10%、5% 和 1% 的水平上显著，括号内为稳健标准误。

（2）劳动力价格上涨对规模户调增规模决策的影响。 对规模户来说，劳动力价格的系数负向显著，其平方项的系数正向显著，说明在其他条件不变的情况下，劳动力价格上涨促使规模户倾向增加的种植面积先减少后增加。通过计算发现，在劳动力价格<192（天·人）/元的区间内，随着劳动力价格上涨，规模户倾向扩大种植的规模减少；在劳动力价格≥192（天·人）/元的区间内，随着劳动力价格上涨，规模户倾向扩大种植的规模增加。与小农户类似，劳动力价格在不同水平上，对规模户调整规模决策的影响同样存在程度上的差异。

前面的章节已经进行了详细的论述，耕整地、播种环节的农业机械技术供给水平较高，规模户大多会选择自购农机，自用的同时也可以向周围农户提供有偿农机作业服务来赚取收益。但是对于收获环节来说，相关农机具价格普遍偏高且专用性较强，若购买一台半喂入式花生联合收获机，一次性投入至少需要 6 万元，且投资回收周期较长（陈有庆等，2012）。除此之外，收获相关机械装备性能和质量还不能满足生产需要，机械收获过程中存在故障多、损失率高、作业效率低等诸多问题。因此，规模户对于收获环节相关机械的投资热情明显低于耕整地和播种环节。

当劳动力价格处于低位上涨状态时，农机装备投资所带来的经营成本降低较难弥补大规模农地需求引发的流转溢价和雇工工资增加对成本的抬升，自购农机（如花生收获机械）作业代替人工作业的经济效益较低，理性的农户自然会主要依靠劳动力投入进行生产作业，结果是更倾向于减少转入的耕地规模，以此来规避人工成本上涨造成的收益损失。有研究也指出，在劳动力成本较低且农业机械化程度较低的情况下，小型农场比大型农场的土地生产效率更高（Otsuka et al.，2016）。但是，当劳动力价格超过一定的阈值之后，花生生产中机械投入较之劳动投入的比价劣势将会被彻底扭转，自购农机（如花生收获机械）作业代替人工作业变得更加划算，规模户进行生产性投资的意愿越来越强烈，可能会促成收获环节的农机购买决策，也有可能促使农机具升级换代，即由小型机械向大中型机械转变。花生生产实践表明，相比于人工作业，中型机械生产效率可提高 60～80 倍，大型机械生产效率可提高 120 倍以上，使生产成本明显降低，种植效益明显提高（秦海生，2018）。因此，当劳动力价格处于高位上涨状态时，规模户更倾向于增加转入的耕地规模。

(3) 控制变量对农户规模调整决策的影响。 估计结果显示，大部分控制变量的系数符号及显著性水平与农户花生种植面积调整意愿模型的估计结果一致。年龄、花生价格对小农户调减规模决策均具有显著正向影响，地租、替代作物价格对其均具有显著负向影响。这意味着户主年龄越大、花生价格越高、地租水平越低、替代作物价格越低，小农户预期缩小的种植规模越小。花生价格、固定资产投资对规模户调增规模决策均具有显著正向影响，地租、替代作物价格对其均具有显著负向影响。这意味着花生价格越高、家庭固定资产投资越多、地租水平越低、替代作物价格越低，规模户预期扩大的种植规模越大。

8.5 进一步讨论

根据上述分析，劳动力价格上涨诱导农户家庭劳动力资源重新配置，且这种诱导效应存在农户异质性，最终导致不同经营规模农户预期花生种植规模呈现差异。劳动力价格上涨促使小农户倾向于维持或减少花生种植面积，相反，规模户倾向于增加花生种植面积。已有研究表明，面对劳动力价格持续快速上涨，农户的应对措施主要集中在不改变生产种类的要素替代和改变生产种类的产品替代（或特殊情况的弃耕抛荒）两个方面（钟甫宁等，2016），这些结论的得出往往都是基于农户同质的假设前提。但是实际上，劳动力和土地为互补性的生产要素，通过提升土地生产率从而提高单位面积收益，同样有助于缓解劳动力价格上涨带来的冲击。如果把土地视为一种同质的生产要素，劳动力价格上涨约束下的理性措施是使土地流向经济效率更高的经营区域或主体，实现花生适度规模经营，产生规模经济。事实上，由于农户间地租（土地边际产出）不同，土地流转实现了现有农户间土地资源的重新配置（盖庆恩等，2023）。基于以上研究结论可以发现，耕地资源在不同经营规模农户之间呈现相反的变动规律，可以视为在劳动力成本刚性约束和不改变既定的作物种类的情况下，不同经营规模农户之间存在规模替代关系。可以预见的是，如果劳动力价格进一步上涨，小农户倾向减少花生种植规模的意愿越来越强烈，而规模户倾向扩大种植规模的意愿日益强烈，这样前瞻性地提早做出预案，有助于推动花生适度规模经营，充分挖掘花生增产潜力，使其成为保障我国油料自给、油脂安全的主力军。

有必要指出的是，本章将劳动力价格上涨、农户劳动力配置和土地经营规模置于同一分析框架内，一定程度上阐释了劳动力价格上涨影响不同经营规模农户花生种植规模调整策略的经济机理及形成机制，后续可以引入数学方法构建数理推导将其符号化，可能会增强理论研究的严谨性与完善性。

8.6　稳健性检验与异质性分析

8.6.1　工具变量法

考虑到劳动力价格上涨与农户花生种植规模之间可能存在由遗漏变量或是双向因果关系导致的内生性问题，下一步利用工具变量法缓解内生性问题对研究结论的干扰。本书选取非农就业工资作为工具变量，一方面，农户劳动力是稀缺资源，同一时间只能在诸多用途方面做出一种选择，导致其选择性配置必然产生机会成本（冉清红等，2014），农户非农就业工资反映的是劳动力务农的机会成本，因此满足工具变量的相关性要求；另一方面，非农就业工资一般取决于劳动力就业市场，与其他可能影响农户花生种植决策的因素不存在明显的相关性，因此满足工具变量的外生性要求。非农就业包括本地务工和外出务工两种类型，为了更好地体现不同非农就业类型的异质性影响，以乡镇范围为划分标准，选取本乡镇范围以内务工劳动力就业平均工资和本乡镇范围以外务工劳动力就业平均工资，来分别衡量本地非农就业和外出非农就业的农业劳动力成本（陈宏伟和穆月英，2022）。考虑到不同劳动力资源在劳动力市场上得到非农就业的机会和收入存在差异，以及未从事非农就业的农户，设置非农就业工资时，均在村庄层面计算。

表 8-7 显示了 IV-Probit 和 2SLS 的估计结果。从工具变量检验结果来看，第一阶段 F 值远大于临界值 10，说明模型不存在弱工具变量问题；Wald 检验在 1% 的显著性水平下拒绝了外生性原假设。第一阶段回归结果显示，工具变量非农就业工资对于内生变量劳动力价格具有较强的解释力。第二阶段回归结果显示，在考虑内生性后，劳动力价格上涨对农户花生种植规模的影响与上文分析结果一致，仅系数大小有所不同，因此可以认为基准回归结果具有稳健性。

表 8-7　工具变量法结果

自变量	小农户		规模户	
	调整意愿	调整规模	调整意愿	调整规模
劳动力价格	−0.176 3***	2.738 8***	0.123 3***	−2.804 0***
	(0.041 8)	(0.729 4)	(0.024 9)	(0.337 2)
劳动力价格平方项	—	−0.007 3***	—	0.007 7***
		(0.001 9)		(0.000 9)
控制变量	控制	控制	控制	控制
一阶段 F 值	27.01	38.40	31.48	193.69
Wald 检验	17.87***	—	33.31***	—
R^2	—	0.303 9	—	0.930 5

注：*、** 和 *** 分别表示在 10%、5% 和 1% 的水平上显著。

8.6.2　Heckman 两步法

农户进行花生种植决策遵循两个步骤：第一步决定是否调整种植，第二步决定调整多大面积。因此，可能存在"注重结果而忽视选择"的样本偏误，属于自选择问题。为了准确分析劳动力价格上涨对农户花生种植规模的影响效应，利用 Heckman 两步法修正样本选择偏差（Heckman，1979），增强其结论的稳健性。Heckman 两步法要求两个阶段的解释变量具有严格子集的关系，即识别变量只影响一阶段模型，不影响二阶段模型。本书选择"种植年限"作为识别变量，花生种植年限与花生种植调整意愿相关，但与花生种植调整规模并没有直接因果关系。同时，为了避免样本选择问题对本书估计结果的影响，第二阶段模型中加入第一阶段模型计算的逆米尔斯比（Inverse Mill Ratio，IMR）。

表 8-8 显示了 Heckman 两步法估计结果。对于小农户而言，第一阶段考察的是劳动力价格上涨对其倾向缩小花生种植意愿的影响，故而劳动力价格系数显著为正，实际上与基准回归中劳动力价格的影响效果一致；第二阶段劳动力价格系数显著为正，其平方项系数显著为负。对于规模户而言，第一阶段考察的是劳动力价格上涨对其倾向扩大花生种植意愿的影响，劳动力价格系数显著为正；第二阶段劳动力价格系数显著为负，其平方项系数显著为正。因此，在克服可能的内生性偏误后，劳动力价格上涨对不同经营规模农户花生种植规模的影响与基准回归基本一致，再次说明上述研究结论稳健。

表 8-8　Heckman 两步法结果

自变量	小农户		规模户	
	第一阶段	第二阶段	第一阶段	第二阶段
劳动力价格	0.322 3*	0.689 0**	0.278 0**	−2.605 6***
	(0.185 4)	(0.297 5)	(0.129 8)	(0.326 5)
劳动力价格平方项	−0.000 8	−0.001 9**	−0.000 7**	0.007 2***
	(0.000 5)	(0.000 8)	(0.000 4)	(0.000 9)
控制变量	控制	控制	控制	控制
IMR	—	−2.191 5**	—	2.356 7*
Wald 检验	263.74***		1 421.72***	

注：*、** 和 *** 分别表示在 10%、5% 和 1% 的水平上显著。

8.6.3　异质性分析

为了进一步检验劳动力价格上涨与不同经营规模农户花生种植规模的内在联系在不同群体中的异质性，对花生主产区和非花生主产区样本进行分组回归①，以考察劳动力价格上涨的组群差异效应，估计结果见表 8-9。对于小农户来说，劳动力价格上涨对花生主产区农户花生种植规模的影响与基准回归基本一致，对非花生主产区农户花生种植规模的影响却不显著。可能的逻辑是，相比非花生主产区，花生主产区小农户更加注重花生种植。对于规模户来说，劳动力价格上涨对农户花生种植规模的影响与基准回归基本一致；从系数大小来看，非花生主产区与花生主产区相比，劳动力价格及其平方项系数估计值更小，也就是说，劳动力价格上涨对非花生主产区规模户规模扩张决策影响的效应较弱。由此说明，规模分化下劳动力价格上涨对农户花生种植规模的影响具有区域异质性。

表 8-9　异质性检验结果

自变量	花生主产区小农户		非花生主产区小农户		花生主产区规模户		非花生主产区规模户	
	调整意愿	调整规模	调整意愿	调整规模	调整意愿	调整规模	调整意愿	调整规模
劳动力价格	−0.075 2***	2.092 3***	−0.029 5	0.462 3	0.040 2***	−3.468 6***	0.037 5**	−3.059 5***
	(0.017 0)	(0.715 7)	(0.019 1)	(0.600 5)	(0.011 7)	(0.356 6)	(0.016 6)	(0.341 2)
劳动力价格平方项	—	−0.005 6***	—	−0.001 3	—	0.009 6***	—	0.008 2***
		(0.001 9)		(0.001 8)		(0.001 0)		(0.000 9)
控制变量	控制	控制	控制	控制	控制	控制	控制	控制
R^2	0.748 0	0.497 3	0.838 3	0.446 2	0.410 0	0.925 9	0.378 4	0.966 3

注：*、** 和 *** 分别表示在 10%、5% 和 1% 的水平上显著。调整意愿回归方程对应的是 Pseudo R^2，调整规模回归方程对应的是 R^2。

8.7　本章小结

在农村劳动力大量持续转移的过程中，我国农户分化迅速深化，逐渐形

---

①　依据农业农村部《2023 年花生春播生产技术指导意见》，花生主产区为样本中的黄淮海、东北、长江流域地区，其余为非花生主产区。

成以务农为主的新型农业经营主体和以务工为主的小农户，他们的经营规模差异较大，各自具有不同的生产特征和行为逻辑。本章利用花生种植户微观调查数据，以农户经营规模分化为切入点，系统考察了劳动力价格上涨对不同经营规模农户花生种植决策的影响及其差异。主要得到如下研究结论：

（1）**劳动力价格上涨对不同经营规模农户种植意愿调整方向的影响存在显著差异。**随着劳动力价格的上涨，小农户倾向于缩小种植规模或是保持不变，而规模户倾向于扩大种植规模。不同经营规模农户拥有的资源禀赋条件、生产经营方式等具有明显差异，他们对劳动力价格上涨的反应并不一致，种植决策调整行为对应着不同的逻辑思路。对于自给自足或半自给自足的小农户来说，劳动力价格上涨带来更多的是收入变化，部分劳动力被诱导从事非农工作获取更高的收入，当剩余农业劳动供给无法满足家庭花生生产经营土地的需要时，他们自然会选择缩小花生种植规模。对于专业化、商品化程度较高的规模户来说，劳动力价格上涨带来更多的是成本变化，受契约关系、资产专用性等约束，规模户的退出成本较高，他们更期望通过扩大种植规模发挥出花生生产的规模经济效应。

（2）**劳动力价格对农户预期调整规模的影响取决于劳动力价格的上涨程度。**劳动力价格上涨促使小农户倾向缩小的种植面积先减少后增加。当劳动力价格处于低位上涨状态时，农户家庭可以外出务工并兼营农业，此时倾向缩小的种植面积呈减少趋势；当劳动力价格处于高位上涨状态时，断续的农业劳动力需求导致务农的机会成本较高，再加上农业技术无法完全替代劳动力，此时农户倾向缩小的种植面积呈增加趋势。劳动力价格上涨促使规模户倾向扩大的种植面积先减少后增加。当劳动力价格处于低位上涨状态时，劳动力/生产性投资的相对价格较低，劳动密集型的生产方式更具优势，农户此时倾向于减少转入的耕地规模；当劳动力价格处于高位上涨状态时，劳动力/生产性投资的相对价格较高，资本密集型的生产方式更具优势，农户此时倾向于增加转入的耕地规模。

（3）**经过工具变量法和 Heckman 两步法操作，回归结果依然符合预期，说明基准回归结果具有较强的稳健性。**异质性分析表明，劳动力价格上涨对主产区农户花生种植规模的影响效应更明显。总体来看，劳动力价格上涨迫使农户重新配置家庭劳动力资源，最终导致小农户和规模户的花生种植规模实现分化，实现了劳动力和土地资源的优化配置，即适度规模经营。进一步地，耕地资源在不同经营规模农户之间呈现反向变化规律，可以看作是劳动力价格上涨约束下规模户对小农户形成的规模替代。最后，未来很长一段时间内小农户家庭经营仍将是中国农业的基本经营形态。鉴于土地的生计保障功能、农民的恋土情结以及国家先后出台了许多有益于农民的土地政策，大部分小农户可能不会将其土地全部转出。

9 | 主要研究结论与政策建议

9.1 主要研究结论

　　花生是我国优质优势油料作物，产量位居世界第一，是大豆、油菜等油料作物的重要补充，种植收益高于玉米、小麦等传统粮食作物。发展花生产业，既是为了保障重要农产品供给，也是增加农民收入的有效手段，还是推进农业供给侧结构性改革、引领农业绿色发展的重要举措。国内经济持续高速增长，工业化、城市化进程快速推进，必然会导致劳动力价格不可逆地长期上涨。本书选取更容易受到劳动力禀赋冲击的劳动密集型农作物——花生作为研究对象，深入系统地研究了劳动力价格上涨对花生生产的实质性影响。总体来看，劳动力价格上涨背景下农户的应对措施主要集中在要素替代和规模替代两个方面，要素替代具体包括调整要素投入结构和采用劳动节约型技术，规模替代具体指不同经营规模农户之间发生耕地资源再配置。主要研究结论如下：

　　（1）劳动力价格上涨俨然成为劳动力市场中不争的事实，并给我国花生生产带来较为显著的影响。无论是农业劳动力外出务工工资，还是农村内部劳动力务农工资，均能反映出劳动力价格一直保持着高速增长的趋势，特别是从2004年开始增速明显加快。改革开放以来，我国花生综合生产能力稳步提升，花生产量、播种面积和单产水平均呈现波浪形增长趋势。与三大主粮相比，花生种植收益较为稳定、亩均净利润较高。劳动力价格的持续快速上涨，一方面促使花生生产成本不断飙升，呈现"S"形增长态势，进而改变了花生生产的成本结构，人工成本占总生产成本的比重已经超过了物质与服务费用占总生产成本的比重；另一方面，花生生产要素投入结构也发生了较大变动，资本（机械和化肥）投入呈现逐年增长趋势，而劳动力投入呈现逐年减少趋势，其中家庭用工投入持续减少，而雇工投入波动增加。

（2）**劳动力价格上涨及其导致的要素相对价格的提高，促使花生生产中机械投入和化肥投入增加。**由此说明，在劳动力价格上涨的诱导下，我国花生生产要素调整路径在一定程度上遵循了诱致性技术变迁的轨迹，即农业机械是劳动力的替代要素。在验证了诱致性技术创新理论的基础上，还获得了一些新发现——化肥也可以成为劳动力的替代要素，其替代机制在于，通过减少施肥次数或是提高肥料品质实现省工省时的目的。影子替代弹性的测算结果显示，机械与劳动力之间存在明显的替代关系，替代弹性呈现出先增加后下降的阶段性特征，说明近年来机械对劳动力的替代作用越来越有限；化肥与劳动力之间同样存在明显的替代关系，替代弹性数值稳步增加，说明化肥对劳动力的替代存在巨大潜力。受地形条件的约束，劳动力—机械的替代弹性存在地区差异，其中华北平原的替代弹性值最大，东北地区和长江中下游地区次之，南方低缓丘陵区和西南丘陵山区较小；具体到省（市）来说，山东省的替代弹性值最大，重庆市的替代弹性值最小。

（3）**劳动力价格上涨会诱导农户采用劳动节约型技术，具体表现为：农户倾向于在耕整地和播种环节采用劳动节约型机械技术，以及选择以施用新型肥料为代表的劳动节约型施肥技术。**劳动力价格上涨对农户机械技术选择的影响有差异的主要原因在于不同生产环节之间农业机械技术供给水平不均衡。耕整地和播种环节的农机供给能力较强，即农户可以轻松购买到质量好、效率高且成本低的农机具或农机作业服务，而收获环节的农机供给能力较弱，即市场上缺少性价比高、损失小的收获机械或收获作业服务。劳动力价格上涨虽然会诱导农户选择施用新型肥料，但是在有政府补贴的条件下，同样也能促进农户采纳新型施肥技术。主要原因在于，新型肥料投入成本较低、即时见效且操作简单，农户有能力自行决定；而新型施肥技术一次性投入大、操作门槛高，且存在不确定性，农户普遍不愿意主动实施且难以独立实施，但是政府补贴可以有效放宽农户技术采纳的成本约束，对农户的技术采纳行为产生积极的干预效应。

（4）**劳动力价格上涨对不同经营规模农户种植意愿调整方向的影响存在显著差异。**随着劳动力价格的上涨，小农户倾向于缩小生产规模或是保持不变，而规模户倾向于扩大生产规模。对于小农户来说，家庭内部越来越多的劳动力被诱导从事非农工作，当剩余农业劳动供给无法满足花生生产经营土地的需要时，他们自然会选择维持或缩小种植规模。对于规模户来说，受契约关系、资产专用性等约束，他们更期望通过扩大种植规模来获取规模经济带来的收益。进一步来说，劳动力价格对农户预期调整规模的影响取决于劳动力价格的上涨程度。劳动力价格上涨促使小农户倾向缩小的种植面积和规模户倾向扩大的种植面积均先减少后增加。经过工具变量法和 Heckman 两步法操作，回归结果依然符合预期，说明基准回归结果具有较强的稳健性。异质性分析表明，劳动力价格上涨对主产区农户花生种植规模的影响效应更明显。总体来看，劳动力价格上涨迫使农户重新配置家庭劳动力资源，最终导致小农户和规模户的花生种植规模实现分化，实现了劳动力和土地资源的优化配置，即适度规模经营。进一步地，耕地资源在不同经营规模农户之间呈现反向变化规律，可以看作是劳动力价格上涨约束下规模户对小农户形成规模替代。

9.2 政策建议

劳动力价格上涨意味着我国农业生产已经进入高人工成本时代，这既是对农业资源禀赋特征和发展阶段的客观反映，也是我国农业生产面临的新约束条件。与此同时，工资上涨具有刚性和黏性，这意味着劳动力价格上涨将成为未来很长一段时间内我国农业发展必须面对的现实问题。基于本研究的分析与结论，建议从提高花生机械化水平、引导农户科学施肥、发展花生适度规模经营三个方面进行努力，以缓解劳动力价格上涨对花生生产造成的冲击，提高花生种植户的生产积极性，推动花生产业平稳健康、可持续发展。具体政策建议如下。

9.2.1 提高花生机械化水平

（1）加快薄弱环节的技术创新和成果转化。目前，花生机械化收获存在诸多问题。例如漏果率、裂荚率、破损率偏高，严重影响产量；采用膜下滴灌技术的地区，地膜、滴灌带回收时容易与机具缠绕，严重影响作业效果，残膜容易与花生秧搅起来，不利于花生秧的再利用；等等。因此，应重点聚焦收获这一机械化薄弱环节，不能完全依赖市场诱导出来的技术革新，而是需要政府积极联合科研院所、高校、企业等多主体协同攻关，针对机械化收获存在的问题和农户的实际需求，加大技术创新研发力度，优化和升级现有机械装备性能，提高花生机械化生产的科技含量，实现关键核心技术自主可控，切实提升机械化收获作业的质量和效率。另外，加快科技成果转化，引导科研院所、高校等研发机构与农机生产企业对接，鼓励大型企业参与花生机械化生产设备研发，确保及时产出先进适用的花生生产机械，同时开展试验、示范，强化技术指导，缩短新技术成果转化与产业化之间的距离。

（2）加快适宜地区花生机械化生产。 黄淮海、东北等平原地区生产规模大、商品化率高，是中国花生生产的传统优势区域，理应遵循自然规律，加快推进这些地区的花生机械化生产，把适宜地区的花生产业做优做强，才能充分挖掘和提升花生生产效率。黄淮海产区中山东、河南的机械化程度相对较高，应尽快细化、完善技术内容，提炼出农机农艺融合较为成熟的模式，包括种植行距和株距、种植模式、机具配套及操作规程等，作为农业农村部主推技术，逐步在整个黄淮海产区乃至全国范围推广应用。东北产区地势低平，农地集中连片，具有得天独厚的自然条件，但是花生机械化发展却相对滞后，主要原因是大型农机制造企业不多、缺乏高性能农机装备。建议由当地政府部门帮助联系河南、山东的农机制造企业，为农机合作社等批量定制符合当地实际生产需求的相关花生机械装备。

（3）加大政策扶持和资金补贴力度。 农业机械装备的购置成本较高，所以农机投资不能单单依靠农民自身的积累。政府部门应调整完善农机购置补贴政策，积极发挥农机购置与应用补贴政策的引导作用，提升花生机械化生产保障能力，通过政策引导尽可能促使农民踊跃购机、用机。补贴机具类型要与机械技术发展现状相配合，补贴标准要尽量有升有降，支持鼓励老旧农机报废更新，适当减少保有量明显过多、技术相对落后的机具品目，提高对花生薄弱环节所需机具以及高性能、多功能复式、智能农机产品的补贴额度；及时将新研发出的花生机械产品列入农机购置补贴范围，加快机具升级换代步伐，促进新型农机具的推广应用。我国不同地区自然条件、花生种植品种、耕作方式等差异较大，应支持各省市结合本地花生生产实际情况和农民对农机具的差异化需求，制定补贴机具品目、标准等。

9.2.2 引导农户科学施肥

（1）强化公益性农技推广体系建设。 为更大范围推广普及新型施肥技术，有必要继续加强政府主导的公益性农技推广体系建设。通过财政支持，依托国家花生产业技术体系下各地的花生试验站，建立现代高效施肥技术试验示范基地，选择一批重点县开展花生绿色高产高效行动，鼓励当地的专业大户、农民合作社、科技示范户等参与到示范区的运作中，如负责具体实施和田间管理等，集成示范推广绿色高产高效技术模式。同时，要配套专业技术人员对他们进行技术指导、服务，及时解决他们在生产实践中遇到的实际问题，这样不仅可以使他们更直观地学习技术操作、观察技术效果，打消他们对技术有效性和风险性的顾虑，使他们切实认识到新技术的优势，还能够利用他们与小农户之间沟通密切的优势，让他们把自己掌握的技术、信息、经验传授给身边的农民，放大技术试验示范的带动效应，从而更好地实现新技术、新成果在本地的扩散、推广。

（2）规范新型肥料市场秩序。为了促进新型肥料的推广应用，政府部门有必要采取切实措施，规范新型肥料市场秩序。一是建立新型肥料溯源系统，通过扫描二维码等形式提供生产或经销单位名称和地址、生产日期和批号、养分含量及其他添加物等全程溯源服务，实现来源可查、问题可追。二是加大肥料市场监管力度，联合质监、物价等职能部门不定期对新型肥料市场开展检查，对经检测鉴定属于假冒伪劣及含有毒、害物质的肥料所在生产、经营单位要立刻查封、严格追究相关人员的责任，查处囤积居奇、哄抬价格等违法行为和低价倾销等不正当竞争行为，切实维护农民的合法权益。三是建立肥料企业诚信档案，以"百姓口碑"作为重要指标遴选优质肥料企业，定期向社会发布优质企业名单，帮助农民甄选好产品。

（3）开展科学施肥的宣传培训。基层农技推广部门应继续加大科学施肥的宣传培训工作力度。一方面，利用广播、电视、手机、标语等大众媒介，对农户进行科学施肥知识的宣传与普及，增强农民群众科学施肥、合理施肥的意识，让他们从"施肥越多产量越高"的传统观念转变到经济收益和社会、生态效益并举的新观念上来。另一方面，定期开展切实有效的农民培训。对于水肥一体化、测土配方施肥等新技术，要采取集中培训、现场指导、技术服务相结合的培训模式，以提高技术覆盖率和到位率为目标，确保农户掌握技术要领、可以在花生生产中独立运用；对于缓/控释肥、水溶肥、生物肥等新肥料，要加强对肥料功能、正确施用方法和用量等内容的指导，引导农民群众走出重氮肥、轻有机肥等误区。

9.2.3　发展花生适度规模经营

(1) 发展多种形式的适度规模经营。未来会有更多的农村人口进入城镇就业、生活，老年农民也将陆续退出农业生产，政府理应抓住这个时期出台相关政策，发展多种形式的适度规模经营，推动花生产业高质量发展。一方面，鼓励规模经营的形式"多样化"，不仅局限于土地的集中经营，也要支持代耕代种、联耕联种、土地托管、股份合作等专业化规模化服务，推进土地流转型、服务带动型等多种形式的花生适度规模经营。另一方面，引导规模经营的规模"适度化"，要有目标地适度调整经营规模，可以参考农业生产技术应用的门槛规模，例如农机社会化服务、水肥一体化技术等要求的单次最低作业面积，或者对接当地市场的需求，例如订单农业中签订的每日供货数量折算成的种植面积等，以获得最佳的规模经济效益、提高农业资源利用率。

(2) 培育新型农业经营主体。新型农业经营主体包括专业大户、家庭农场、农民合作社、农业企业等，这些是助推花生适度规模经营的主导力量。政府应该出台综合性的支持政策，切实促进新型农业经营主体的发展壮大。首先，增加对新型农业经营主体的直接补贴，如按土地经营面积、产出量分等级进行补贴。其次，创新金融制度，激励农村金融机构简化贷款流程、降低贷款利率、增加信贷额度、创新抵押条件，针对规模经营特性制定多形式的抵押方法，如土地承包经营权、大型农机具抵押等；在所得税、营业税等税收方面给予一定优惠和减免，切实降低新型农业经营主体的生产成本和经营风险。此外，还要加大对各类新型农业经营主体的培训力度，依托农业技术推广单位、涉农院校等开展培训课程或网络教学，提高他们的生产技能和经营管理水平。

(3) 扎实推进高标准农田建设。花生是小宗作物，农民大都不愿用好地去种花生，很多都种在边角地、坡地和旱薄地。因此，有必要扎实推进适宜地区农田综合改造，改善花生种植条件，对主导产业为花生、产业基础条件较好、规划布局科学合理、政策支持措施有力的区域，优先考虑纳入高标准农田建设扶持范围，鼓励有条件的县市先行先试，把特色"小品种"做成带动农民增收的"大产业"。在政府主导模式的基础上，大力支持、鼓励新型农业经营主体参与其中，他们才是改造后农田的使用者和维护者，这样做可以使建设实施主体和最终受益主体一致。通过土地平整、适度归并、培肥地力、灌溉排水等方面的整治，有序推进旱涝保收、高产稳产的花生高标准农田建设，将"宜机化"作为高标准农田建设的重要指标，从而增强农田抵御自然灾害风险的能力和提高农田增产的潜力，为花生适度规模经营创造良好的外部条件。这个过程中可以探索设立高标准农田建设基金，鼓励各地采取"先建后补、以奖代补"的方式实施，充分调动农民参与建设的积极性。

参考文献

毕茜，陈赞迪，彭珏，2014. 农户亲环境农业技术选择行为的影响因素分析——基于重庆 336 户农户的统计分析 [J]. 西南大学学报（社会科学版），40（6）：44 - 49.

蔡的贵，2006. 反思基于廉价劳动力的"中国制造" [J]. 经济问题（1）：5 - 7.

蔡昉，都阳，2011. 工资增长、工资趋同与刘易斯转折点 [J]. 经济学动态（9）：9 - 16.

蔡昉，2014. 从人口红利到改革红利 [M]. 北京：社会科学文献出版社.

蔡键，唐忠，2016. 华北平原农业机械化发展及其服务市场形成 [J]. 改革（10）：65 - 72.

曹光乔，张宗毅，2008. 农户采纳保护性耕作技术影响因素研究 [J]. 农业经济问题（8）：69 - 74.

陈宏伟，穆月英，2022. 节水生产行为、非农就业与农户收入溢出 [J]. 华中农业大学学报（社会科学版）（2）：1 - 11.

陈明，2022. 花生在中国的引进与发展研究（1631—1949）[D]. 南京农业大学.

陈强，2014. 高级计量经济学及 Stata 应用 [M]. 2 版. 北京：高等教育出版社.

陈书章，宋春晓，宋宁，等，2013. 中国小麦生产技术进步及要素需求与替代行为 [J]. 中国农村经济（9）：18 - 30.

陈训波，2012. 资源配置、全要素生产率与农业经济增长愿景 [J]. 改革（8）：82 - 90.

陈亿强，熊师，陈明林，等，2023. 花生收获机械化研究现状与展望 [J]. 现代农业装备，44（6）：24 - 30.

陈有庆，胡志超，王海鸥，等，2012. 我国花生机械化收获制约因素与发展对策 [J]. 中国农机化（4）：14 - 17.

陈中玉，高连兴，CHEN Charles，等，2017. 中美花生收获机械化技术现状与发展分析 [J]. 农业机械学报，48（4）：1 - 21.

成德宁，杨敏，2015. 农业劳动力结构转变对粮食生产效率的影响 [J]. 西北农林科技大学学报（社会科学版），15（4）：19 - 26.

程国强，2014. 农业生产进入高成本时代 [J]. 农经（Z2）：10.

种聪，岳希明，2023. 农民工收入现状、关键问题与优化路径 [J]. 南京农业大学学报（社会科学版），23（6）：14 - 23.

邓远远，朱俊峰，2023. 保护性耕作技术采纳的增产与稳产效应［J］. 资源科学，45 （10）：2050 - 2063.

董文召，张新友，韩锁义，等，2017. 中国与美国花生生产成本及收益比较分析［J］. 农 业科技管理，36（5）：56 - 60.

董晓霞，黄季焜，Scott Rozelle，等，2006. 地理区位、交通基础设施与种植业结构调整研 究［J］. 管理世界（9）：59 - 63.

杜鑫，2013. 劳动力转移、土地租赁与农业资本投入的联合决策分析［J］. 中国农村经济 （10）：63 - 75.

杜学振，王丽红，白人朴，2009. 我国农业劳动力需求的季节性研究［J］. 中国农业大学 学报，14（6）：103 - 108.

恩格斯，1951. 法德农民问题［M］. 北京：人民出版社.

范剑勇，朱国林，2002. 中国地区差距演变及其结构分解［J］. 管理世界（7）：37 - 44.

方松海，王为农，2009. 成本快速上升背景下的农业补贴政策研究［J］. 管理世界（9）： 91 - 108.

冯尚善，崔荣政，王臣，2020. 我国新型肥料产业发展现状及展望［J］. 磷肥与复肥，35 （10）：1 - 3.

盖庆恩，李承政，张无坷，等，2023. 从小农户经营到规模经营：土地流转与农业生产效 率［J］. 经济研究，58（5）：135 - 152.

盖庆恩，朱喜，史清华，2014. 劳动力转移对中国农业生产的影响［J］. 经济学（季刊），13 （3）：1147 - 1170.

耿献辉，卢华，周应恒，2014. 劳动力成本上升对我国水果产业的影响——以梨产业为例 ［J］. 农林经济管理学报，13（5）：461 - 466.

郭庆海，2018. 小农户：属性、类型、经营状态及其与现代农业衔接［J］. 农业经济问题 （6）：25 - 37.

郝枫，盛卫燕，2014. 中国要素替代弹性变化趋势及成因初探［J］. 经济统计学（季刊） （1）：137 - 149.

郝枫，2015. 超越对数函数要素替代弹性公式修正与估计方法比较［J］. 数量经济技术经 济研究，32（4）：88 - 105.

郝海广，李秀彬，张惠远，等，2015. 劳动力务农机会成本对农地边际化的驱动作用［J］. 干旱区资源与环境，29（3）：50 - 56.

何爱，曾楚宏，2010. 诱致性技术创新：文献综述及其引申［J］. 改革（6）：45 - 48.

何爱，徐宗玲，2010. 菲律宾农业发展中的诱致性技术变革偏向：1970—2005［J］. 中国 农村经济（2）：84 - 91.

何爱平，陈志勇，2012. 马克思主义经济学与西方发展经济学关于小农经济理论的比较研

究 [J]. 南京理工大学学报（社会科学版），25（6）：36 - 42.

贺梅英，庄丽娟，2014. 市场需求对农户技术采用行为的诱导：来自荔枝主产区的证据 [J]. 中国农村经济（2）：33 - 41.

胡代光，2000. 西方经济学大辞典 [M]. 北京：经济科学出版社.

胡海，庄天慧，2020. 绿色防控技术采纳对农户福利的影响效应研究——基于四川省茶叶主产区茶农的调查数据 [J]. 农村经济（6）：106 - 113.

胡浩，杨泳冰，2015. 要素替代视角下农户化肥施用研究——基于全国农村固定观察点农户数据 [J]. 农业技术经济（3）：84 - 91.

胡瑞法，冷燕，2006. 中国主要粮食作物的投入与产出研究 [J]. 农业技术经济（3）：2 - 8.

胡雯，张锦华，陈昭玖，2019. 小农户与大生产：农地规模与农业资本化——农机作业服务为例 [J]. 农业技术经济（6）：82 - 96.

胡新艳，杨晓莹，吕佳，2016. 劳动投入、土地规模与农户机械技术选择——观点解析及其政策含义 [J]. 农村经济（6）：23 - 28.

黄季焜，马恒运，2000. 中国主要农产品生产成本与主要国际竞争者的比较 [J]. 中国农村经济（5）：17 - 21.

黄宗智，2000（a）. 华北的小农经济与社会变迁 [M]. 北京：中华书局.

黄宗智，2000（b）. 长江三角洲小农家庭与乡村发展 [M]. 北京：中华书局.

纪月清，钟甫宁，2013. 非农就业与农户农机服务利用 [J]. 南京农业大学学报（社会科学版），13（5）：47 - 52.

姜长云，张艳平，2009. 近年来我国农产品成本变化的特点、原因及趋势分析 [J]. 经济研究参考（58）：9 - 28.

姜长云，2015. 农户分化对粮食生产和种植行为选择的影响及政策思考 [J]. 理论探讨（1）：69 - 74.

焦长权，董磊明，2018. 从"过密化"到"机械化"：中国农业机械化革命的历程、动力和影响（1980—2015 年）[J]. 管理世界，34（10）：173 - 190.

金三林，朱贤强，2013. 我国劳动力成本上升的成因及趋势 [J]. 经济纵横（2）：37 - 42.

柯炳生，2019. 我国农民工工资变化及其深远影响 [J]. 农业经济问题（9）：4 - 7.

孔祥智，张琛，张效榕，2018. 要素禀赋变化与农业资本有机构成提高——对 1978 年以来中国农业发展路径的解释 [J]. 管理世界，34（10）：147 - 160.

孔祥智，周振，路玉彬，2015. 我国农业机械化道路探索与政策建议 [J]. 经济纵横（7）：65 - 72.

李波平，田艳平，2011. 两轮"民工荒"的比较分析与启示 [J]. 农业经济问题，32（1）：88 - 94.

李博，左停，2017. 多重制度逻辑视角下基层农业技术推广服务体系探析——以营镇农技推广的实践为例 [J]. 贵州社会科学 (6)：142 - 147.

李谷成，冯中朝，范丽霞，2010. 小农户真的更加具有效率吗？来自湖北省的经验证据 [J]. 经济学 (季刊)，9 (1)：95 - 124.

李谷成，郭伦，高雪，2018. 劳动力成本上升对我国农产品国际竞争力的影响 [J]. 湖南农业大学学报 (社会科学版)，19 (5)：1 - 10.

李谷成，梁玲，尹朝静，等，2015. 劳动力转移损害了油菜生产吗？——基于要素产出弹性和替代弹性的实证 [J]. 华中农业大学学报 (社会科学版) (1)：7 - 13.

李鹏程，2022. 养殖规模对生猪养殖业高质量发展的影响研究 [D]. 北京：中国农业科学院.

李庆，韩菡，李翠霞，2019. 老龄化、地形差异与农户种植决策 [J]. 经济评论 (6)：97 - 108.

李伟，侯连民，2018. 河南省花生全程机械化生产技术模式及效益分析 [J]. 农业机械 (4)：83 - 84.

李晓静，陈哲，刘斐，等，2020. 参与电商会促进猕猴桃种植户绿色生产技术采纳吗？——基于倾向得分匹配的反事实估计 [J]. 中国农村经济 (3)：118 - 135.

李艳，杨慧莲，杨舒然，2021. "规模农户"与普通农户的主体特征和生产经营状况考察 [J]. 改革 (8)：116 - 130.

李岳云，蓝海涛，方晓军，1999. 不同经营规模农户经营行为的研究 [J]. 中国农村观察 (4)：3 - 5.

李昭琰，乔方彬，2019. 工资增长对机械化和农业生产的影响 [J]. 农业技术经济 (2)：23 - 32.

李志俊，2014. 中国农业要素的替代弹性：人力资本的作用及农业技术变迁 [J]. 财经论丛 (7)：10 - 15.

廖洪乐，2012. 农户兼业及其对农地承包经营权流转的影响 [J]. 管理世界 (5)：62 - 70.

廖西元，陈庆根，王磊，等，2004. 农户对水稻科技需求优先序 [J]. 中国农村经济 (11)：36 - 43.

林坚，李德洗，2013. 非农就业与粮食生产：替代抑或互补——基于粮食主产区农户视角的分析 [J]. 中国农村经济 (9)：54 - 62.

林龙飞，祝仲坤，2023. 频繁换工：数字技术助推农民工"短工化"现象吗？ [J]. 南京农业大学学报 (社会科学版)，23 (3)：141 - 154.

林毅夫，沈明高，1991. 我国农业科技投入选择的探析 [J]. 农业经济问题 (7)：9 - 13.

凌远云，郭犹焕，1996. 农业技术采用供需理论模型研究 [J]. 农业技术经济 (4)：9 - 12.

刘芳，张哲，王积军，2019. 推动高油酸花生产业发展　助力结构调整质量兴农 [J]. 中国农技推广，35（11）：14-16.

刘凤芹，2006. 农业土地规模经营的条件与效果研究：以东北农村为例［J］. 管理世界
（9）：71-79.

刘克春，2010. 粮食生产补贴政策对农户粮食种植决策行为的影响与作用机理分析——以
江西省为例［J］. 中国农村经济（2）：12-21.

刘同山，吴刚，2019. 农地资源错配的收益损失——基于农户农地经营规模调整意愿的计
量分析［J］. 南京农业大学学报（社会科学版），19（6）：107-118.

刘延平，周开让，2013. 加快技术进步是应对劳动力成本上升的根本出路［J］. 经济纵横
（9）：8-11.

刘余，卢华，周应恒，2019. 中国农业生产土地成本的演变趋势及影响分析［J］. 江西财
经大学学报（2）：48-61.

卢锋，2012. 中国农民工工资走势：1979—2010［J］. 中国社会科学（7）：47-67.

罗楚亮，李实，岳希明，2021. 中国居民收入差距变动分析（2013—2018）［J］. 中国社会
科学（1）：33-54.

罗杰斯，2002. 创新的扩散［M］. 辛欣，译. 北京：中央编译出版社.

罗小锋，2011. 农户采用节约耕地型与节约劳动型技术的差异［J］. 中国人口·资源与环
境，21（4）：132-138.

罗小娟，冯淑怡，石晓平，等，2013. 太湖流域农户环境友好型技术采纳行为及其环境和
经济效应评价——以测土配方施肥技术为例［J］. 自然资源学报，28（11）：1891-
1902.

吕开宇，俞冰心，邢鹂，2013. 新阶段的粮农生产决策行为分析——粮价上涨对非贫困和
贫困种植户的影响［J］. 中国农村经济（9）：31-43.

马克思，2004. 资本论·第三卷［M］. 北京：人民出版社.

马良灿，2014. 理性小农抑或生存小农——实体小农学派对形式小农学派的批判与反思
［J］. 社会科学战线（4）：165-172.

马晓河，2011. 中国农业收益与生产成本变动的结构分析［J］. 中国农村经济（5）：4-11.

满明俊，周民良，李同昇，2010. 农户采用不同属性技术行为的差异分析——基于陕西、
甘肃、宁夏的调查［J］. 中国农村经济（2）：68-78.

苗珊珊，陆迁，2013. 粮农生产决策行为的影响因素：价格抑或收益［J］. 改革（9）：
26-32.

闵师，项诚，赵启然，等，2018. 中国主要农产品生产的机械劳动力替代弹性分析——基
于不同弹性估计方法的比较研究［J］. 农业技术经济（4）：4-14.

潘彪，田志宏，2018. 中国农业机械化高速发展阶段的要素替代机制研究［J］. 农业工程
学报，34（9）：1-10.

彭长生，王全忠，李光泗，等，2019. 稻谷最低收购价调整预期对农户生产行为的影响——基于修正的 Nerlove 模型的实证研究 [J]. 中国农村经济 (7)：51 - 70.

钱龙，袁航，刘景景，等，2018. 农地流转影响粮食种植结构分析 [J]. 农业技术经济 (8)：63 - 74.

钱文荣，朱嘉晔，2018. 农民工的发展与转型：回顾、评述与前瞻——"中国改革开放四十年：农民工的贡献与发展学术研讨会"综述 [J]. 中国农村经济 (9)：131 - 135.

秦海生，2018. 加快花生生产机械化发展的建议 [J]. 农机科技推广 (2)：26 - 28.

仇焕广，苏柳方，张祎彤，等，2020. 风险偏好、风险感知与农户保护性耕作技术采纳 [J]. 中国农村经济 (7)：59 - 79.

冉清红，岳云华，杨玲，等，2014. 西部农户务农—务工的机会成本差分析 [J]. 农业经济问题，35 (12)：63 - 71.

饶旭鹏，2011. 国外农户经济理论研究述评 [J]. 江汉论坛 (4)：43 - 48.

尚旭东，朱守银，段晋苑，2019. 国家粮食安全保障的政策供给选择——基于水资源约束视角 [J]. 经济问题 (12)：81 - 88.

尚旭东，朱守银，2015. 家庭农场和专业农户大规模农地的"非家庭经营"：行为逻辑、经营成效与政策偏离 [J]. 中国农村经济 (12)：4 - 13.

舒尔茨，1987. 改造传统农业 [M]. 梁小民，译. 北京：商务印书馆.

宋金田，祁春节，2013. 农户农业技术需求影响因素分析——基于契约视角 [J]. 中国农村观察 (6)：52 - 59.

宋宇，张美云，2020. 小农与合作经济理论：马克思经济学与西方经济学的比较 [J]. 经济纵横 (4)：44 - 52.

速水佑次郎，弗农·拉坦，2014. 农业发展：国际前景 [M]. 吴伟东，译. 北京：商务印书馆.

速水佑次郎，2003. 农业经济论 [M]. 沈金虎，译. 北京：中国农业出版社.

谭砚文，岳瑞雪，李丛希，2022. 中国粮食种植成本上涨的根源——基于宏观经济因素的实证分析 [J]. 农业经济问题 (8)：79 - 91.

唐博文，罗小锋，秦军，2010. 农户采用不同属性技术的影响因素分析——基于 9 省（区）2110 户农户的调查 [J]. 中国农村经济 (6)：49 - 57.

田玉军，李秀彬，辛良杰，等，2009. 农业劳动力机会成本上升对农地利用的影响——以宁夏回族自治区为例 [J]. 自然资源学报，24 (3)：369 - 377.

涂圣伟，2017. 我国农业要素投入结构与配置效率变化研究 [J]. 宏观经济研究 (12)：148 - 162.

万书波，郭洪海，杨丽萍，等，2012. 中国花生品质区划 [M]. 北京：科学出版社.

王灿雄，谢志忠，2013. 论超越对数生产函数要素替代弹性的逻辑错误 [J]. 统计与信息论坛，28（10）：13-16.

王防，2020. 农作物水肥一体化技术应用现状与发展分析［J］. 农业与技术，40（1）：30-31.

王静，霍学喜，2014. 交易成本对农户要素稀缺诱致性技术选择行为影响分析——基于全国七个苹果主产省的调查数据［J］. 中国农村经济（2）：20-32.

王凯，吴正锋，郑亚萍，等，2018. 我国花生优质高效栽培技术研究进展与展望［J］. 山东农业科学，50（12）：138-143.

王美艳，2011. 农民工还能返回农业吗？——来自全国农产品成本收益调查数据的分析［J］. 中国农村观察（1）：20-30.

王欧，唐轲，郑华懋，2016. 农业机械对劳动力替代强度和粮食产出的影响［J］. 中国农村经济（12）：46-59.

王平，孙鲁云，王力，2020. 劳动力成本上升倒逼棉花全要素生产率增长了吗——基于要素投入结构的中介效应检验［J］. 农业技术经济（12）：122-132.

王瑞元，2020. 我国花生生产、加工及发展情况［J］. 中国油脂，45（4）：1-3.

王水连，辛贤，2017. 中国甘蔗种植机械与劳动力的替代弹性及其对农民收入的影响［J］. 农业技术经济（12）：32-46.

王小鲁，樊纲，2004. 中国地区差距的变动趋势和影响因素［J］. 经济研究（1）：33-44.

王新刚，司伟，2021. 大豆补贴政策改革实现大豆扩种了吗？——基于大豆主产区 124 个地级市的实证［J］. 中国农村经济（12）：44-65.

王新志，杜志雄，2020. 小农户与家庭农场：内涵特征、属性差异及演化逻辑［J］. 理论学刊（5）：93-101.

王颜齐，郭翔宇，2018. 种植户农业雇佣生产行为选择及其影响效应分析——基于黑龙江和内蒙古大豆种植户的面板数据［J］. 中国农村经济（4）：106-120.

王艳，2013. 中国花生主产区比较优势研究［D］. 南京：南京农业大学.

王翌秋，陈玉珠，2016. 劳动力外出务工对农户种植结构的影响研究——基于江苏和河南的调查数据［J］. 农业经济问题，37（2）：41-48.

翁贞林，2008. 农户理论与应用研究进展与述评［J］. 农业经济问题（8）：93-100.

吴帆，2007. 集体理性下的个体社会行为模式分析［M］. 北京：经济科学出版社.

吴方卫，闫周府，2018. 劳动禀赋变化：要素替代抑或生产退出——以蚕桑生产为例［J］. 农业技术经济（12）：30-40.

吴丽丽，2016. 劳动力成本上升对我国农业生产的影响研究［D］. 武汉：华中农业大学.

吴舒，穆月英，聂凤英，2020. 蔬菜生产要素替代关系［J］. 中国农业大学学报，25（7）：196-204.

伍骏骞，方师乐，李谷成，等，2017. 中国农业机械化发展水平对粮食产量的空间溢出效应分析——基于跨区作业的视角 [J]. 中国农村经济 (6): 44-57.

向青, 黄季焜, 2000. 地下水灌溉系统产权演变和种植业结构调整研究——以河北省为实证的研究 [J]. 管理世界 (5): 163-168.

许朗, 陈杰, 2020. 节水灌溉技术采纳行为意愿与应用背离 [J]. 华南农业大学学报 (社会科学版), 19 (5): 103-114.

许庆, 尹荣梁, 章辉, 2011. 规模经济、规模报酬与农业适度规模经营——基于我国粮食生产的实证研究 [J]. 经济研究, 46 (3): 59-71.

杨进, 陈志钢, 2016. 劳动力价格上涨和老龄化对农村土地租赁的影响 [J]. 中国农村经济 (5): 71-83.

杨进, 钟甫宁, 陈志钢, 等, 2016. 劳动力价格、人口结构变化对粮食种植结构的影响 [J]. 管理世界 (1): 78-87.

杨穗, 赵小漫, 2022. 走向共同富裕: 中国社会保障再分配的实践、成效与启示 [J]. 管理世界, 38 (11): 43-56.

杨万江, 李琪, 2018. 农户兼业、生产性服务与水稻种植面积决策——基于 11 省 1646 户农户的实证研究 [J]. 中国农业大学学报 (社会科学版), 35 (1): 100-109.

杨宇, 2012. 劳动力转移、技术诱导及其实现条件: 477 个样本 [J]. 改革 (7): 88-95.

杨志武, 2010. 外部性对农户种植业决策的影响研究 [D]. 南京: 南京农业大学.

姚延婷, 陈万明, 李晓宁, 2014. 环境友好农业技术创新与农业经济增长关系研究 [J]. 中国人口·资源与环境, 24 (8): 122-130.

姚洋, 1998. 小农与效率——评曹幸穗《旧中国苏南农家经济研究》[J]. 中国经济史研究 (4): 3-5.

叶初升, 马玉婷, 2020. 人力资本及其与技术进步的适配性何以影响了农业种植结构? [J]. 中国农村经济 (4): 34-55.

叶兴庆, 2016. 演进轨迹、困境摆脱与转变 我国农业发展方式的政策选择 [J]. 改革 (6): 22-39.

易小兰, 颜琰, 2019. 劳动力价格对粮食生产的影响及区域差异 [J]. 华南农业大学学报 (社会科学版), 18 (6): 70-83.

尹朝静, 范丽霞, 李谷成, 2014. 要素替代弹性与中国农业增长 [J]. 华南农业大学学报 (社会科学版), 13 (2): 16-23.

余威震, 罗小锋, 李容容, 等, 2017. 绿色认知视角下农户绿色技术采纳意愿与行为悖离研究 [J]. 资源科学, 39 (8): 1573-1583.

喻永红, 张巨勇, 2009. 农户采用水稻 IPM 技术的意愿及其影响因素——基于湖北省的调查数据 [J]. 中国农村经济 (11): 77-86.

袁斌, 陈超, 2016. 农村劳动力转移与水果生产要素的弹性关系 [J]. 华南农业大学学报

（社会科学版），15（4）：42-51.

约翰·伊特韦尔，1996.新帕尔格雷夫经济学大辞典.第二卷：E-J［M］.北京：经济科学出版社.

翟振武，杨凡，2011.民工荒：是刘易斯拐点还是伊斯特林人口波谷［J］.经济理论与经济管理（8）：5-13.

展进涛，陈超，2009.劳动力转移对农户农业技术选择的影响——基于全国农户微观数据的分析［J］.中国农村经济（3）：75-84.

张晖明，邓霆，2002.规模经济的理论思考［J］.复旦学报（社会科学版）（1）：25-29.

张建，杨子，诸培新，等，2020.农地流转与农户生计策略联合决策研究［J］.中国人口·资源与环境，30（2）：21-31.

张莉，李强，皮大旺，2022.花生生产实用技术［M］.北京：中国农业科学技术出版社.

张绪勇，1993.农户经济理性与农业社会化服务体系的关联分析［J］.福建论坛（经济社会版）（9）：30-33.

张雪，周密，2019.农户种植结构调整中的羊群效应——以辽宁省玉米种植户为例［J］.华中农业大学学报（社会科学版）（4）：54-62.

张应良，文婷，2020.现金直补对不同规模种粮大户经营规模的影响有差异吗［J］.农业经济问题（8）：54-67.

张禹，任超，王浩哲，等，2023.2017—2022年我国内地花生出口特征分类分析［J］.花生学报，52（2）：96-104.

赵光，李放，2012.非农就业、社会保障与农户土地转出——基于30镇49村476个农民的实证分析［J］.中国人口·资源与环境，22（10）：102-110.

赵连阁，蔡书凯，2013.晚稻种植农户IPM技术采纳的农药成本节约和粮食增产效果分析［J］.中国农村经济（5）：78-87.

赵明，李从锋，钟大森，等，2020.我国多类型水肥一体化技术进展［J］.作物杂志（1）：199-200.

郑宏运，李谷成，周晓时，2019.要素错配与中国农业产出损失［J］.南京农业大学学报（社会科学版），19（5）：143-153.

郑旭媛，徐志刚，2016.资源禀赋约束、要素替代与诱致性技术变迁——以中国粮食生产的机械化为例［J］.经济学（季刊），16（1）：45-66.

郑旭媛，应瑞瑶，2017.农业机械对劳动的替代弹性及区域异质性分析——基于地形条件约束视角［J］.中南财经政法大学学报（5）：52-58.

钟甫宁，胡雪梅，2008.中国棉农棉花播种面积决策的经济学分析［J］.中国农村经济（6）：39-45.

钟甫宁，陆五一，徐志刚，2016.农村劳动力外出务工不利于粮食生产吗？——对农户要素替代与种植结构调整行为及约束条件的解析 [J]. 中国农村经济 (7)：36 - 47.

钟甫宁，2016. 正确认识粮食安全和农业劳动力成本问题 [J]. 农业经济问题，37 (1)：4 - 9.

钟钰，秦富，2012. 我国价格支持政策对粮食生产的影响研究 [J]. 当代经济科学，34 (3)：119 - 123.

钟真，2018. 改革开放以来中国新型农业经营主体：成长、演化与走向 [J]. 中国人民大学学报，32 (4)：43 - 55.

周晶，陈玉萍，阮冬燕，2013. 地形条件对农业机械化发展区域不平衡的影响——基于湖北省县级面板数据的实证分析 [J]. 中国农村经济 (9)：63 - 77.

周静，曾福生，2019. "变或不变"：粮食最低收购价下调对稻作大户种植结构调整行为研究 [J]. 农业经济问题 (3)：27 - 36.

周娟，2018. 基于农户家庭决策的土地流转与适度规模经营的微观机制分析 [J]. 南京农业大学学报（社会科学版），18 (5)：88 - 97.

周曙东，景令怡，孟桓宽，等，2018. 中国花生主产区生产布局演变规律及动因挖掘 [J]. 农业技术经济 (3)：100 - 109.

周曙东，孟桓宽，2017. 中国花生主产区种植面积变化的影响因素 [J]. 江苏农业科学，45 (13)：250 - 253.

周曙东，乔辉，2018. 农产品价格对不同规模农户种植面积的影响——以大田商品作物花生为例 [J]. 南京农业大学学报（社会科学版），18 (1)：115 - 123.

周曙东，吴沛良，赵西华，等，2003. 市场经济条件下多元化农技推广体系建设 [J]. 中国农村经济 (4)：57 - 62.

周振，马庆超，孔祥智，2016. 农业机械化对农村劳动力转移贡献的量化研究 [J]. 农业技术经济 (2)：52 - 62.

祝华军，楼江，田志宏，2018. 农业种植结构调整：政策响应、相对收益与农机服务——来自湖北省 541 户农民玉米种植面积调整的实证 [J]. 农业技术经济 (1)：111 - 121.

A. 恰亚诺夫，1996. 农民经济组织 [M]. 萧正洪，译. 北京：中央编译出版社.

Abdulai A，Owusu V，Bakang J E A，2011. Adoption of safer irrigation technologies and cropping patterns：Evidence from Southern Ghana [J]. Ecological Economics，70 (7)：1415 - 1423.

Ahmad S，1966. On the Theory of Induced Invention [J]. The Economic Journal，76 (302)：344 - 357.

Asfaw S，Shiferaw B，Simtowe F，et al.，2012. Impact of modern agricultural technologies on smallholder welfare：Evidence from Tanzania and Ethiopia [J]. Food Policy，37 (3)：283 - 295.

Binswanger H P, 1974 (b). A cost function approach to the measurement of elasticities of factor demand and elasticities of substitution [J]. American Journal of Agricultural Economics, 56 (2): 377-386.

Binswanger H P, 1974 (a). A Microeconomic Approach to Induced Innovation [J]. The Economic Journal, 84 (336): 940-958.

Brauw A D, 2010. Seasonal Migration and Agricultural Production in Vietnam [J]. Journal of Development Studies, 46 (1): 114-139.

Byres T J, 1981. The new technology, class formation and class action in the Indian countryside [J]. Journal of Peasant Studies, 8 (4): 405-454.

Cappellari L, Jenkins S P, 2003. Multivariate probit regression using simulated maximum likelihood [J]. The Stata Journal, 3 (3): 278-294.

Christensen L R, Jorgenson D W, Lau L J, 1973. Transcendental logarithmic production frontiers [J]. The Review of Economics and Statistics, 55 (1): 28-45.

Damon A L, 2010. Agricultural Land Use and Asset Accumulation in Migrant Households: The Case of El Salvador [J]. Journal of Development Studies, 46 (1): 162-189.

Hayami Y, Ruttan V W, 1985. Agricultural Development: An International Perspective (2nd ed.) [M]. Baltimore: The Johns Hopkins University Press.

Hayami Y, Ruttan V W, 1970. Factor Prices and Technical Change in Agricultural Development: The United States and Japan, 1880—1960 [J]. Journal of Political Economy, 78 (5): 1115-1141.

Heckman J J, 1979. Sample Selection Bias Specification Error [J]. Econometrica, 47 (1): 153-161.

Hicks J R, 1932. The Theory of Wages [M]. London: Macmillan.

Kennedy C, 1964. Induced bias in innovation and the theory of distribution [J]. The Economic Journal, 74 (295): 541-547.

Khanna M, 2001. Sequential adoption of Site-Specific Technologies and its Implications for Nitrogen Productivity: A Double Selectivity Model [J]. American Journal of Agricultural Economics, 83 (1): 35-51.

Klump R, Grandvillede O D L, 2000. Economic Growth and the Elasticity of Substitution: Two Theorems and Some Suggestions [J]. American Economic Review, 90 (1): 282-291.

Krishnan P, Patnam M, 2014. Neighbors and Extension Agents in Ethiopia: Who Matters More for Technology Adoption? [J]. American Journal of Agricultural Economics, 96 (1): 308-327.

Krishnasreni S，Thongsawatwong P，2004. Status and trend of farm mechanization in Thailand [J]. AMA – Agricultural Mechanization in Asia Africa and Latin America，35（1）：59 – 66.

Krugman P，1994. The Myth of Asia's Miracle [J]. Forgn Affairs，73（6）：62 – 78.

Lin，Justin Yifu，1991. Public Research Resource Allocation in Chinese Agriculture：A Test of Induced Technological Innovation Hypotheses [J]. Economic Development and Cultural Change，40（1）：55 – 73.

Lipion M，1968. The theory of the optimising peasant 1 [J]. Journal of Development Studies，4（3）：327 – 351.

Liu Y M，Hu W Y，Jetté – Nantel S，et al.，2014. The influence of labor price change on agricultural machinery usage in Chinese agriculture [J]. Canadian Journal of Agricultural Economics，62（2）：219 – 243.

Lopez R E，Tung F L，2010. Energy andnon – energy input substitution possibilities and output scale effects in Canadian agriculture [J]. Canadian Journal of Agricultural Economics，30（2）：115 – 132.

Mcfadden D，1963. Constant elasticity of substitution production functions [J]. Review of Economic Studies，30（2）：73 – 83.

Otsuka K，Liu Y，Yamauchi F，2016. Growing advantage of large farms in Asia and its implications for global food security [J]. Global Food Security，11：5 – 10.

Polanyi K，Arensberg C M，Pearson H W，1957. Trade and Market in Early Empires：Economies in History and Theory [M]. Glencoe Illinois：Free Press.

Popkin S L，1979. The Rational Peasant：The Political Economy of Rural Society in Vietnam [M]. Berkeley：University of California Press.

Rasmussen S，2013. Production Economics：The Basic Theory of Production Optimisation [M]. Springer.

Rogers E M，1995. Diffusion of innovation (4th ed.) [M]. New York：The Free Press.

Schultz T W，1964. Transforming Traditional Agriculture [M]. New Haven：Yale University Press.

Scott J C，1976. The Moral Economy of the Peasant：Rebellion and Subsistence in Southeast Asia [M]. New Haven：Yale University Press.

Sheng Y，Jackson T，Gooday P，2017. Resource reallocation and its contribution to productivity growth in Australian broadacre agriculture [J]. Australian Journal of Agricultural and Resource Economics，61（1）：56 – 75.

Slater W E G，1960. Productivity and Technical Change [M]. New York：Cambridge University Press.

Solow R M, 1956. A Contribution to the Theory of Economic Growth [J]. Quarterly Journal of Economics, 70 (1): 65 – 94.

Stone G D, Flachs A, Diepenbrock C, 2014. Rhythms of the herd: Long term dynamics in seed choice by Indian farmers [J]. Technology in Society, 36 (2): 26 – 38.

Stratopoulos T, Charos E, Chaston K, 2000. A translog estimation of the average cost function of the steel industry with financial accounting data [J]. International Advances in Economic Research, 6 (2): 271 – 286.

Thirsk W, 1974. Factor substitution in Colombian agriculture [J]. American Journal of Agricultural Economics, 56 (1): 73 – 84.

Thomas M, 2007. Productivity, Technical Efficiency, and Farm Size in Paraguayan Agriculture [R]. Annandale – on – Hudson: Working Paper No. 490, Bard College.

Tobin J, 1958. Estimation of relationships for limited dependent variables [J]. Econometrics, 26 (1): 24 – 36.

Van Zyl J, Vink N, Fényes T I, 1987. Labour – related structural trends in South African maize production [J]. Agricultural Economics, 1 (3): 241 – 258.

Woodland A D, 1975. Substitution of Structures, Equipment and Labor in Canadian Production [J]. International Economic Review, 16 (1): 171 – 187.

Wossen T, Alene A, Abdoulaye T, et al., 2019. Povertyreduction effects of agricultural technology adoption: The case of improved cassava varieties in Nigeria [J]. Journal of Agricultural Economics, 70 (2): 392 – 407.

Yazdanpanah M, Hayati D, Hochrainer – Stigler S, et al., 2014. Understanding farmers' intention and behavior regarding water conservation in the Middle – East and North Africa: A case study in Iran [J]. Journal of Environmental Management, 135: 63 – 72.

Yuhn K, 1991. Economic Growth, Technical Change Biases, and the Elasticity of Substitution: A test of the De La Grandville Hypothesis [J]. Review of Economics and Statistics, 73 (2): 340 – 346.

Zhang X, Yang J, Wang S, 2011. China has reached the Lewis turning point [J]. China Economic Review, 22 (4): 542 – 554.

图书在版编目（CIP）数据

劳动力价格上涨对花生生产的影响研究 / 李幸子著.
北京：中国农业出版社，2024.9. -- ISBN 978-7-109
-32495-4

Ⅰ. F326.12

中国国家版本馆 CIP 数据核字第 20244TQ090 号

劳动力价格上涨对花生生产的影响研究

**LAODONGLI JIAGE SHANGZHANG DUI HUASHENG SHENGCHAN
DE YINGXIANG YANJIU**

中国农业出版社出版

地址：北京市朝阳区麦子店街 18 号楼

邮编：100125

责任编辑：潘洪洋

版式设计：王　晨　　责任校对：吴丽婷

印刷：北京中兴印刷有限公司

版次：2024 年 9 月第 1 版

印次：2024 年 9 月北京第 1 次印刷

发行：新华书店北京发行所

开本：720mm×960mm　1/16

印张：12

字数：210 千字

定价：88.00 元